迷路ざんまい！

デイヴィッド・E・マクアダムス

© 2025 デイヴィッド・E・マクアダムス. 無断転載・複製・蓄積・送信を一切禁じます。著作権者の書面による許可なく、いかなる手段によっても本書の全部または一部を複写・保存・送信することはできません。

デイヴィッド・E・マカダムスのその他の著書

色彩

オウムの色、花の色、宇宙の色 — 美しいテーマ画像で色彩の概念を紹介。対象年齢：0〜6歳。

算数

数字 — 数の概念を初心者向けに紹介。おすすめ年齢：5〜7歳。

遊びのお金を使った学習キット — プレイマネー200万ドル以上を使って、大きな数と数え方を学べる楽しいキット。対象年齢：8〜12歳。

幾何学

形 — 幾何学的な形を遊び感覚で紹介。対象年齢：3〜8歳。

展開図 プロジェクト集（80種類のネット） — 立体ポリヘドロンを作成するためのネット集。対象年齢：9歳以上。

マインド・ベンダー（頭の体操）

私のお気に入りのフラクタル（第1巻 & 第2巻） — 高解像度のフラクタル画像が楽しめるビジュアルブック。全年齢対象。

数学愛好家向け

円周率の最初の百万桁、オイラーの数「e」の最初の百万桁、の平方根の最初の百万桁、最初の十万個の素数 — 重要な数学定数を収録した便利なリファレンス集。全年齢対象。

最新の著作リストはをご覧ください。

https://lifeisastoryproblem.tripod.com/aauthor/japanese.html

目次

迷路の解き方：実践ガイド（ヤングアダルト向け）……………………………………1
    1. 壁伝いルール（右手法／左手法）……………………………………………1
    2. 先読みして計画する……………………………………………………………1
    3. 出口から逆にたどる……………………………………………………………1
    4. 紙の迷路では鉛筆を"薄く"……………………………………………………2
    5. パンくず（目印）を残す〈実地の迷路〉………………………………………2
    6. 行き止まり埋め（アルゴリズム的手法）……………………………………2
    7. マッピング（複雑迷路向け）…………………………………………………2
9×12   初級・正方格子迷路……………………………………………………4
12×15   初級・正方格子迷路……………………………………………………9
12×15   中級・正方格子迷路……………………………………………………14
20×24   中級・正方格子迷路……………………………………………………19
20×24   上級・正方格子迷路……………………………………………………24
30×37   上級・正方格子迷路……………………………………………………29
9×12   初級・三角格子迷路……………………………………………………34
12×15   初級・三角格子迷路……………………………………………………39
12×15   中級・三角格子迷路……………………………………………………44
20×24   中級・三角格子迷路……………………………………………………49
20×24   上級・三角格子迷路……………………………………………………54
30×37   上級・三角格子迷路……………………………………………………59
12×19   初級・六角格子迷路……………………………………………………64
15×23   初級・六角格子迷路……………………………………………………69
15×23   中級・六角格子迷路……………………………………………………74
24×39   中級・六角格子迷路……………………………………………………79
24×39   上級・六角格子迷路……………………………………………………84
37×59   上級・六角格子迷路……………………………………………………89
9×12   初級・ひし形格子迷路…………………………………………………94
12×15   初級・ひし形格子迷路…………………………………………………99
12×15   中級・ひし形格子迷路…………………………………………………104
20×24   中級・ひし形格子迷路…………………………………………………109
20×24   上級・ひし形格子迷路…………………………………………………114
30×37   上級・ひし形格子迷路…………………………………………………119
9×12   初級・スナブ正方格子迷路……………………………………………124
12×15   初級・スナブ正方格子迷路……………………………………………129
12×15   中級・スナブ正方格子迷路……………………………………………134
20×24   中級・スナブ正方格子迷路……………………………………………139
20×24   上級・スナブ正方格子迷路……………………………………………144
30×37   上級・スナブ正方格子迷路……………………………………………149

9×12	初級・スナブ正方格子2 迷路	154
9×12	初級・カイロ・タイル迷路	159
12×15	初級・カイロ・タイル迷路	164
13×16	初級・カイロ・タイル迷路	169
13×15	中級・カイロ・タイル迷路	174
20×24	中級・カイロ・タイル迷路	179
20×24	上級・カイロ・タイル迷路	184
30×37	上級・カイロ・タイル迷路	189
20×20	上級・円形迷路	194
25×25	上級・円形迷路	199
30×30	上級・円形迷路	204
35×35	上級・円形迷路	209
9×12	初級・正方三角格子迷路	215
12×15	初級・正方三角格子迷路	220
12×15	中級・正方三角格子迷路	225
20×24	中級・正方三角格子迷路	230
20×24	上級・正方三角格子迷路	235
30×37	上級・正方三角格子迷路	240
解答		245

迷路の解き方：実践ガイド（ヤングアダルト向け）

迷路は「道」と「行き止まり」でできたパズル。紙の迷路でも、生け垣の迷路でも、デジタルのラビリンスでも、ゴールは同じ——**入口から出口へたどり着くこと**。 ここでは、効果的な戦略をいくつか紹介します。迷いは旅の一部。焦らず、一歩ずつ。

1. 壁伝いルール（右手法 / 左手法）

やり方

- 入口で片方の手（右または左）を壁につける。
- その手を壁から離さずに進む。
- 壁が曲がれば、自分も同じ方向へ曲がる。

使う場面

- 孤立区画のない「単連結」の迷路で有効。
- 外壁とつながっていない「浮島」や分離壁がある迷路では効かないことがある。

長所：覚えやすく、記憶やメモが不要。**短所**：正解が外壁から遠いと、時間がかかることがある。

2. 先読みして計画する

やり方

- 動く前に見通し、行き止まりや近道を予測する。
- ループや先が細い道など、視覚的な手がかりを活用する。

使う場面

- 紙の迷路や見通しのよい迷路に便利。

長所：無駄な引き返しを減らし、攻略が速くなる。**短所**：慎重な観察と多少の試行錯誤が必要。

3. 出口から逆にたどる

やり方

- 出口側からスタートへ向けて道を逆引きする。
- その方が正解を見つけやすい場合がある。

使う場面

- 迷路全体を見渡せるときに限る。

長所：出口側は分岐が少ないことがあり、道筋を見つけやすい。**短所**：物理的な迷路では見えなかったり、ルール上許可されないことがある。

4. 紙の迷路では鉛筆を"薄く"

やり方
- 薄い線で進路をなぞり、間違えたら消せるようにしておく。
- 行き止まりには印を付け、再訪を避ける。

使う場面
- 印刷物や手描きの迷路に最適。

長所：探索済みの道を管理しやすい。**短所**：根気と集中力が要る。

5. パンくず（目印）を残す〈実地の迷路〉

やり方
- 交差点に小さな目印（コインや小石など）を置く。
- 試した道に印を付け、堂々巡りを防ぐ。

使う場面
- コーン迷路や脱出系アトラクションなど現地型の迷路。

長所：同じ場所をぐるぐる回るのを防げる。**短所**：許可されない場合や、設置できない状況もある。

6. 行き止まり埋め（アルゴリズム的手法）

やり方
- まず行き止まりをすべて特定して印を付ける。
- 行き止まりから逆向きにたどり、行き止まりへ通じる枝道をどんどん"消して"いく。

使う場面
- 全体図が見える紙・デジタル迷路。

長所：最終的に正解経路だけを孤立させられる（確実性が高い）。**短所**：大きな迷路では時間がかかる。

7. マッピング（複雑迷路向け）

やり方
- 探索した道を簡易マップに記録する。
- 分岐、ループ、交差点を記号や番号で整理。

使う場面
- ループが多い迷路や、時間をかけて攻略する場合。

長所：履歴が残り、戦略的に進める。**短所**：記録の手間がかかる。

追加のヒント
- **落ち着くこと**：迷うこともプロセスの一部。呼吸を整えて続行。
- **ランドマークを活用**：実地では目立つ物や特徴を目印に。
- **選択の履歴を追う**：左・右の選択を心内やメモで記録。
- **ゴールを明確に**：目的は中心？ 出口？ それとも隠しアイテム？

道は一本ではありません。あなたの歩幅で、あなたの地図で。迷路は、解くほどにあなたの思考が磨かれるステージです。

9×12　初級・正方格子迷路

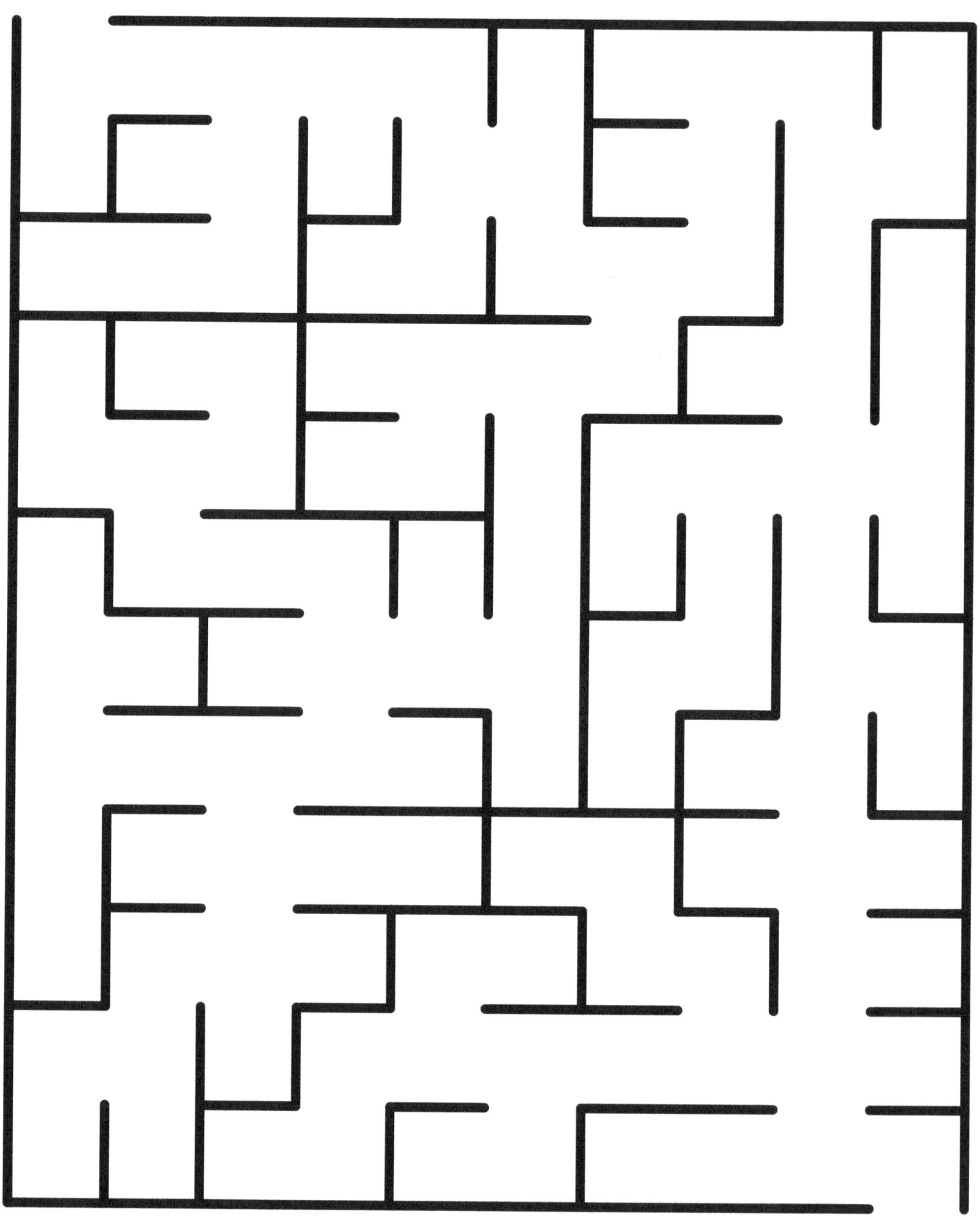

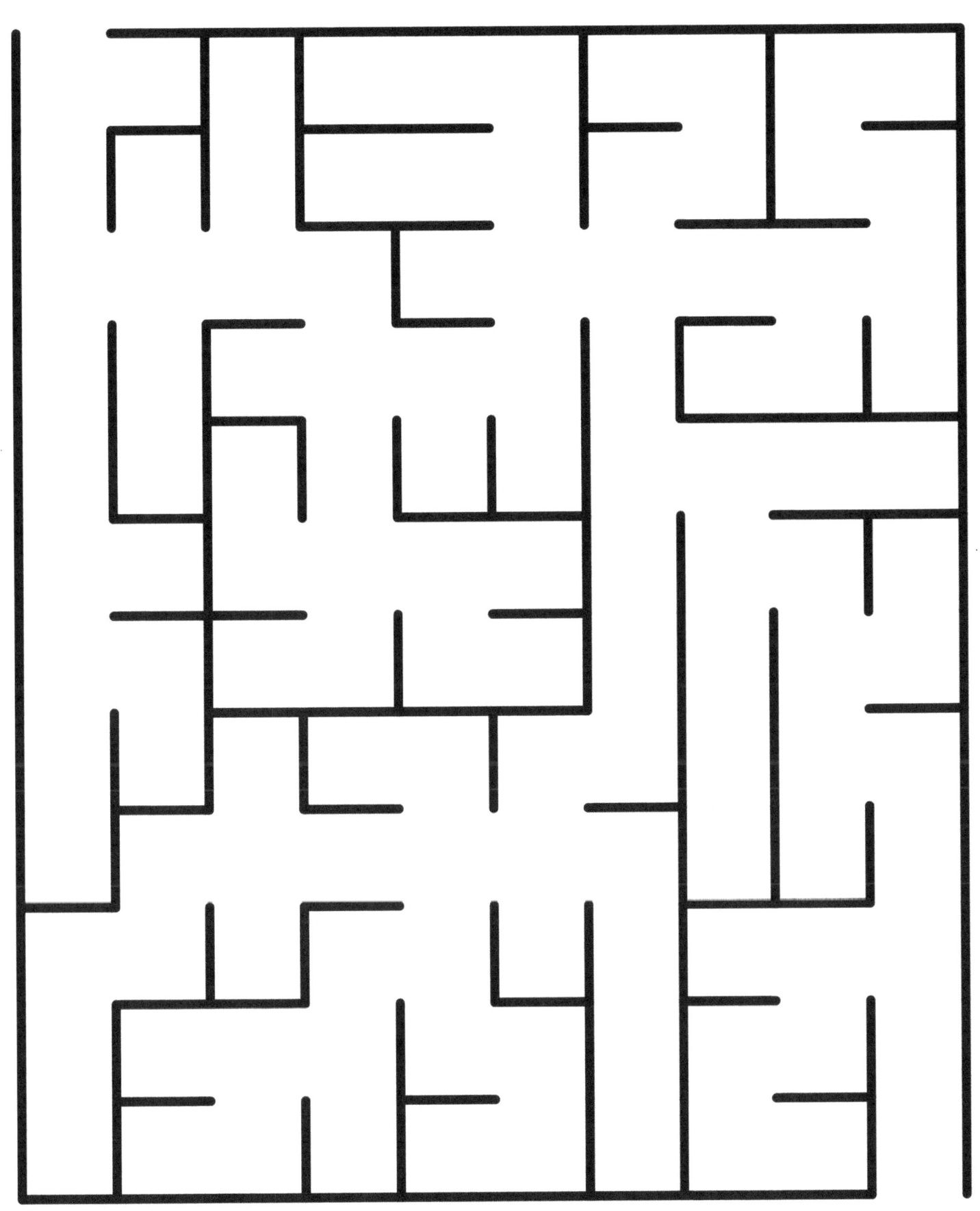

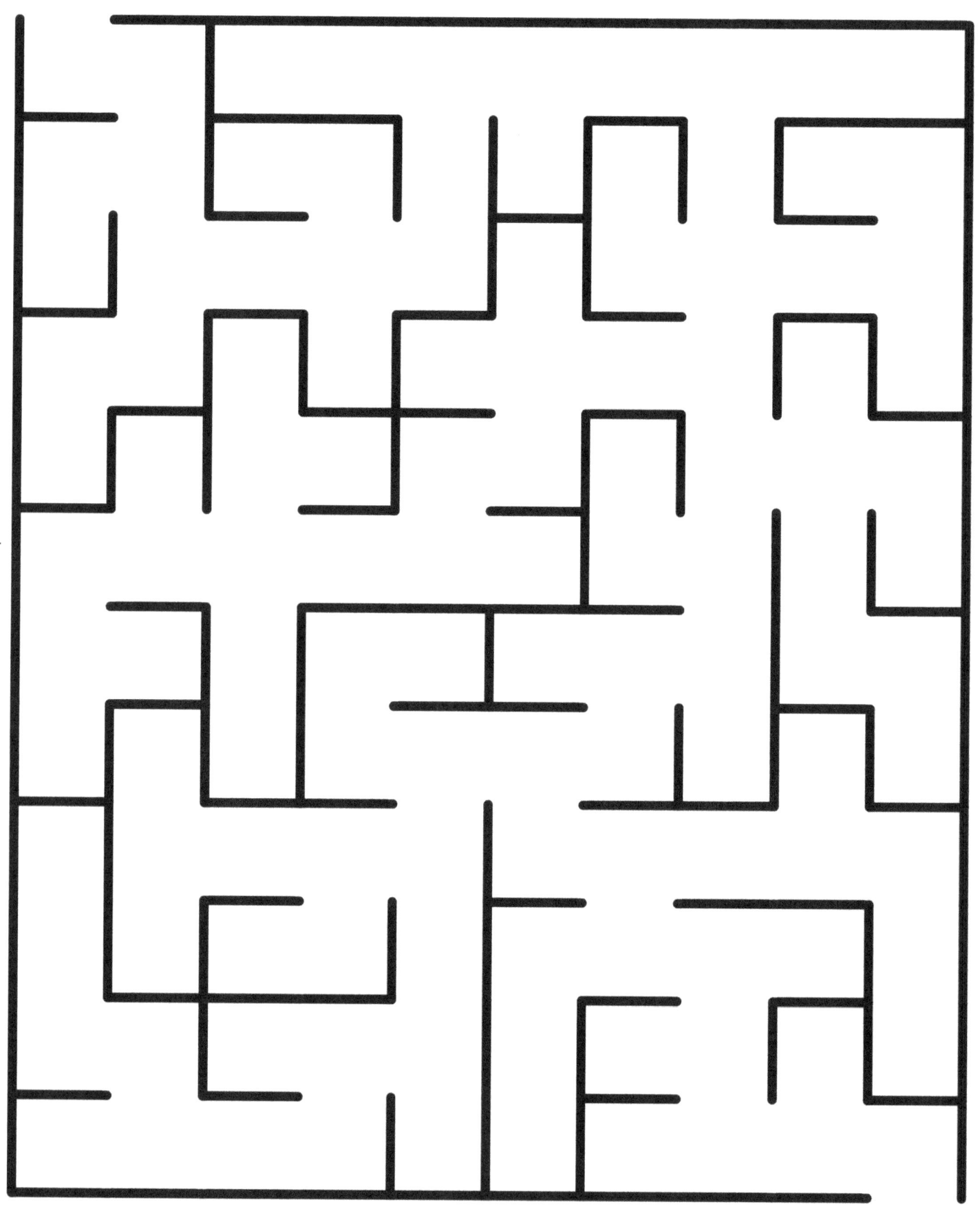

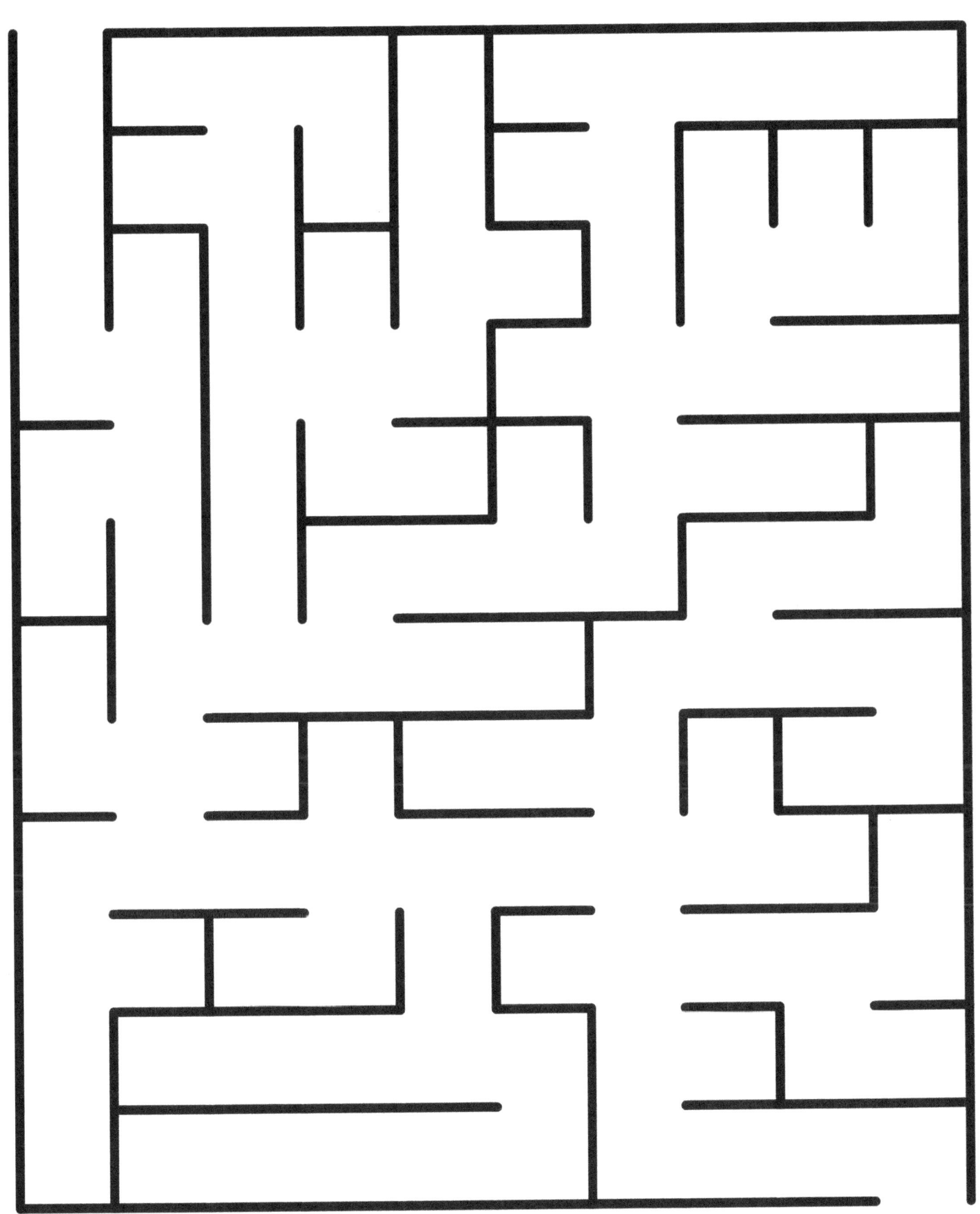

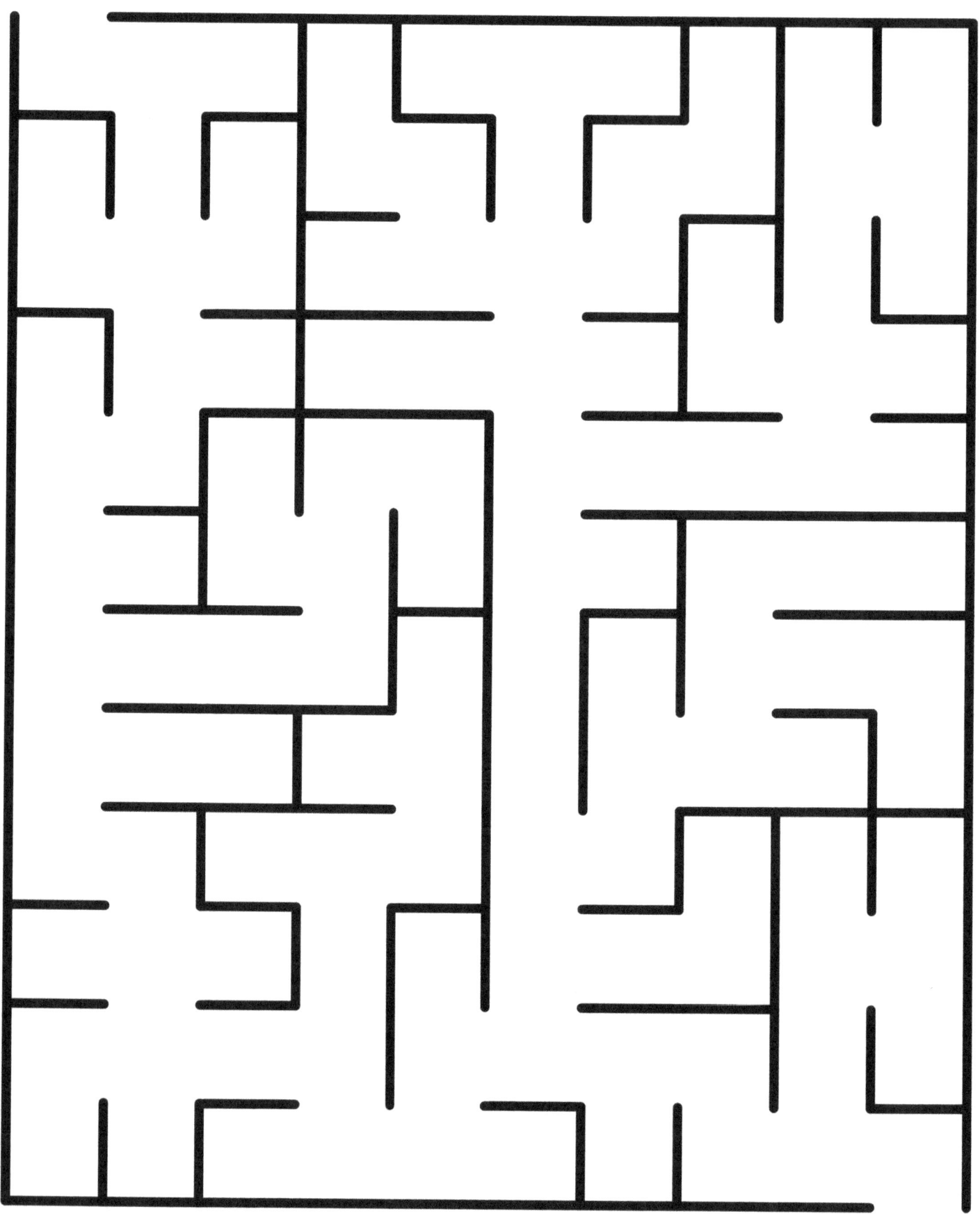

12×15 初級・正方格子迷路

12×15 中級・正方格子迷路

20×24　中級・正方格子迷路

20×24 上級・正方格子迷路

30×37 上級・正方格子迷路

9×12　初級・三角格子迷路

12×15　初級・三角格子迷路

12×15 中級・三角格子迷路

20×24　中級・三角格子迷路

20×24　上級・三角格子迷路

30×37 上級・三角格子迷路

12×19 初級・六角格子迷路

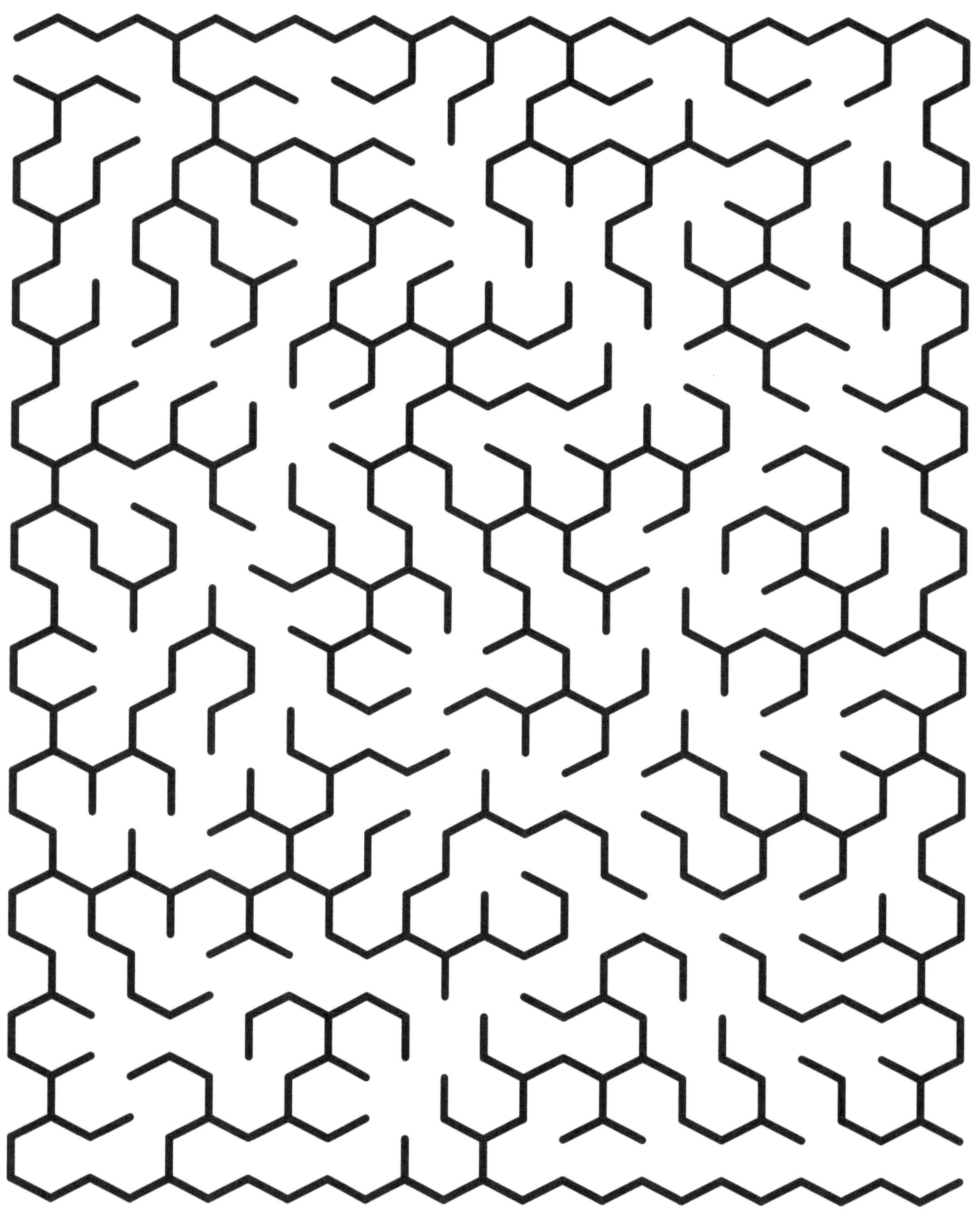

15×23 初級・六角格子迷路

15×23　中級・六角格子迷路

24×39　中級・六角格子迷路

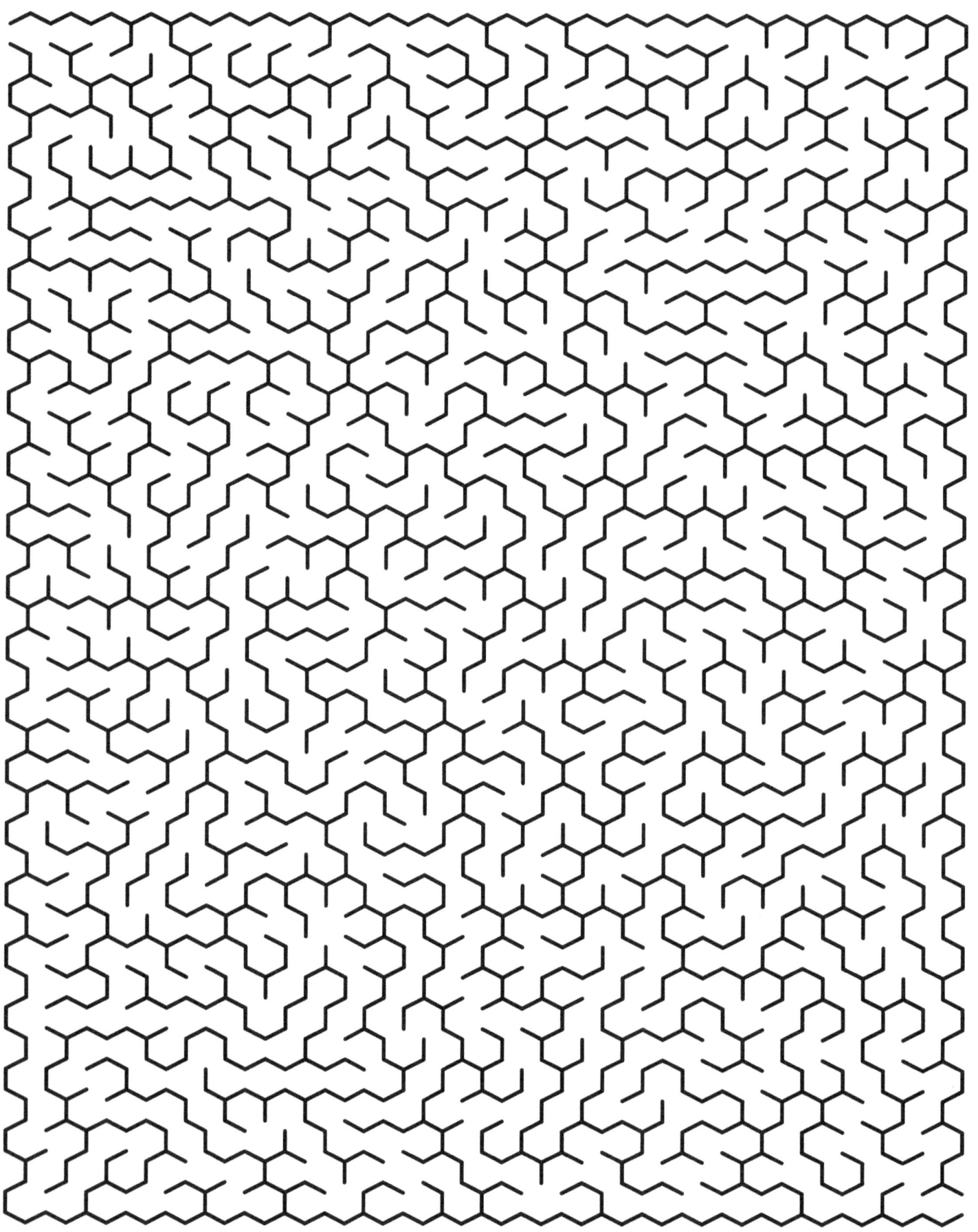

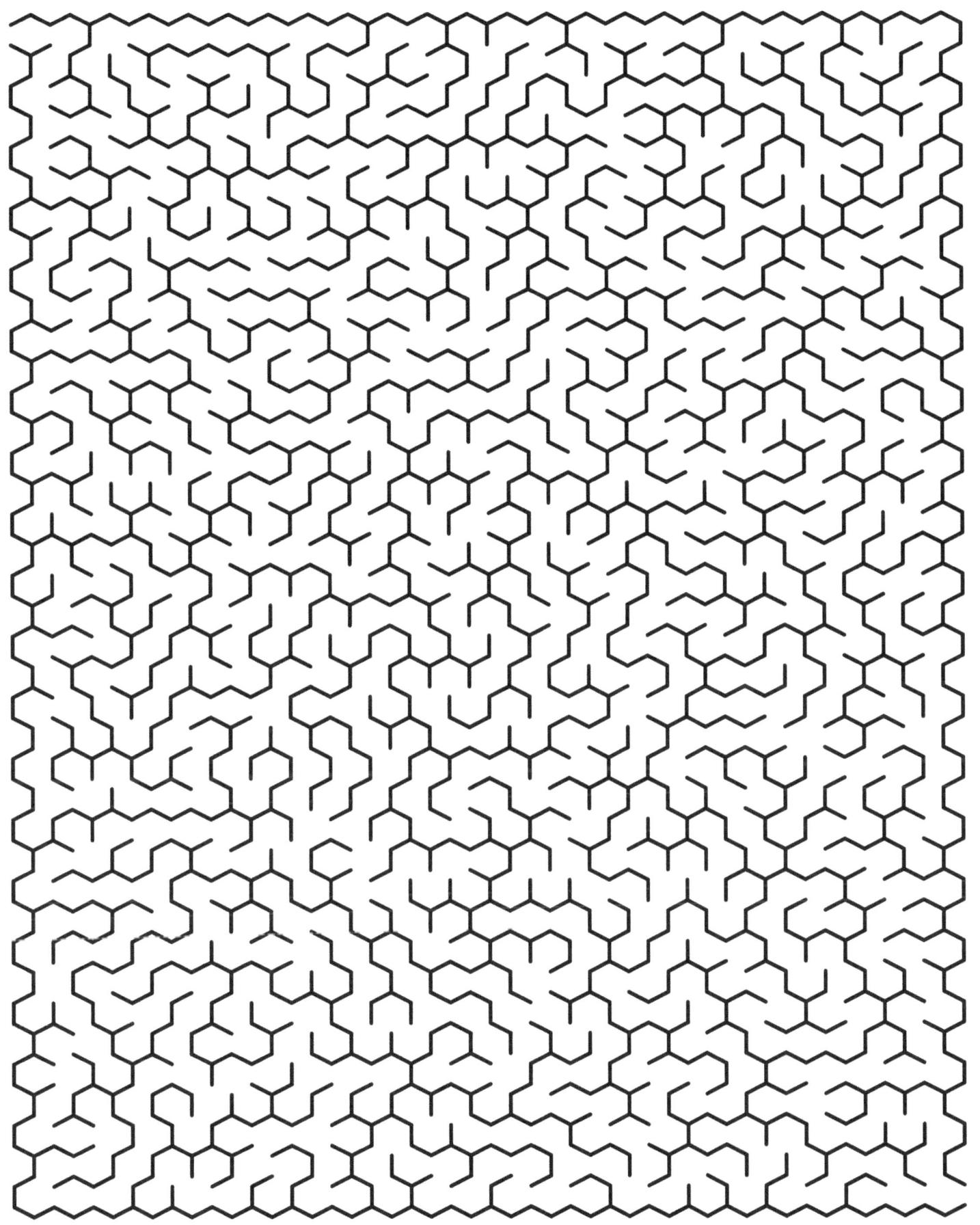

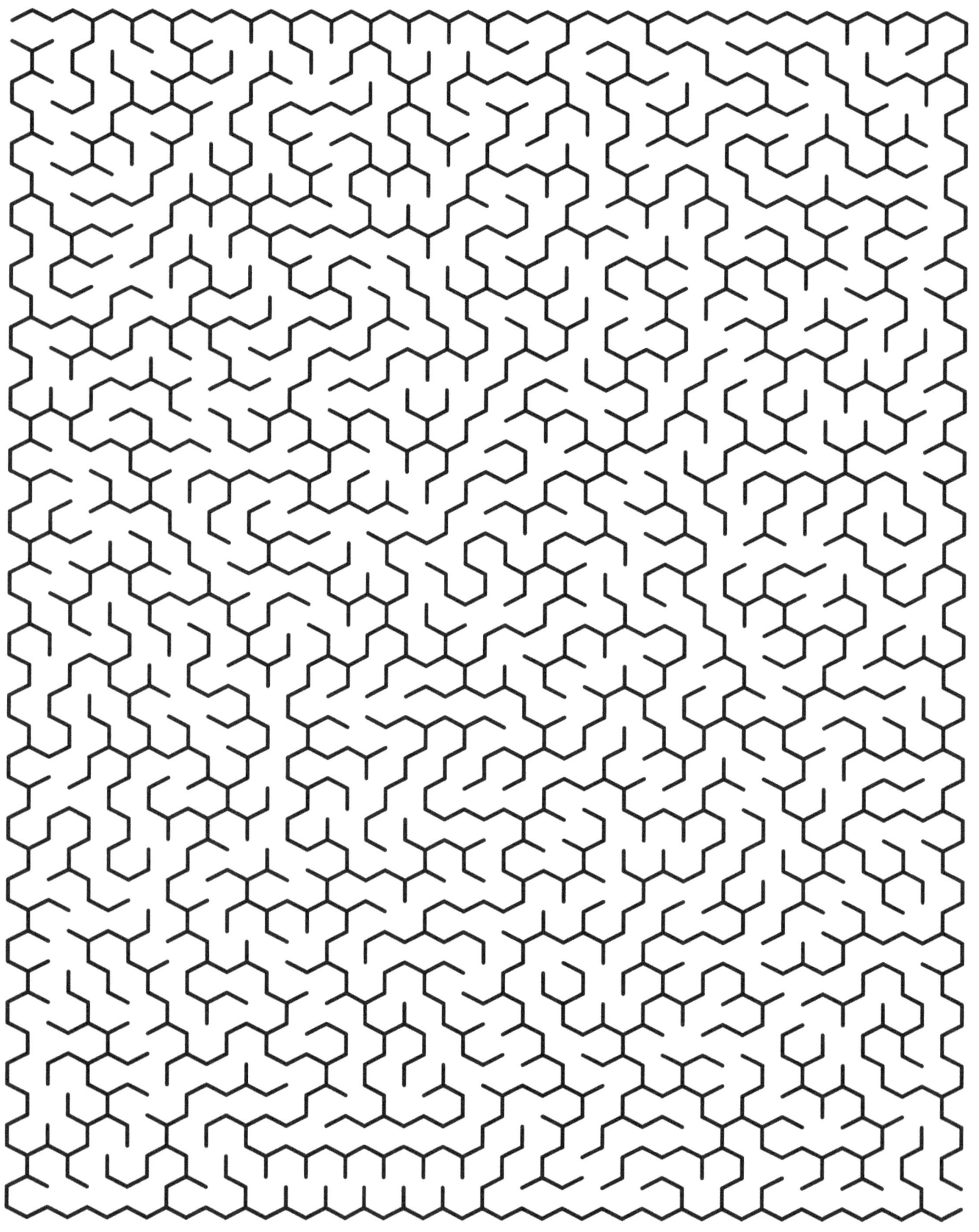

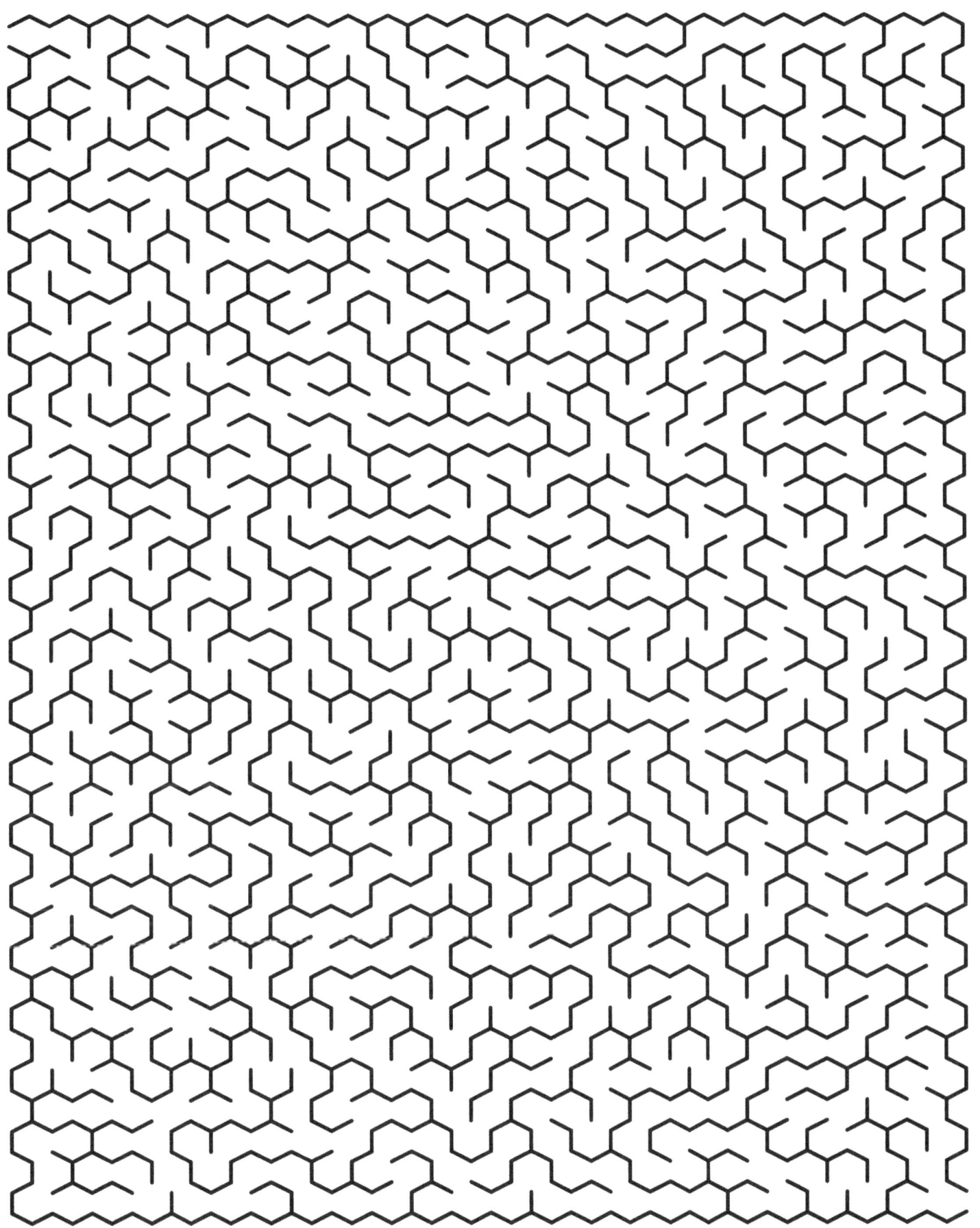

24×39　上級・六角格子迷路

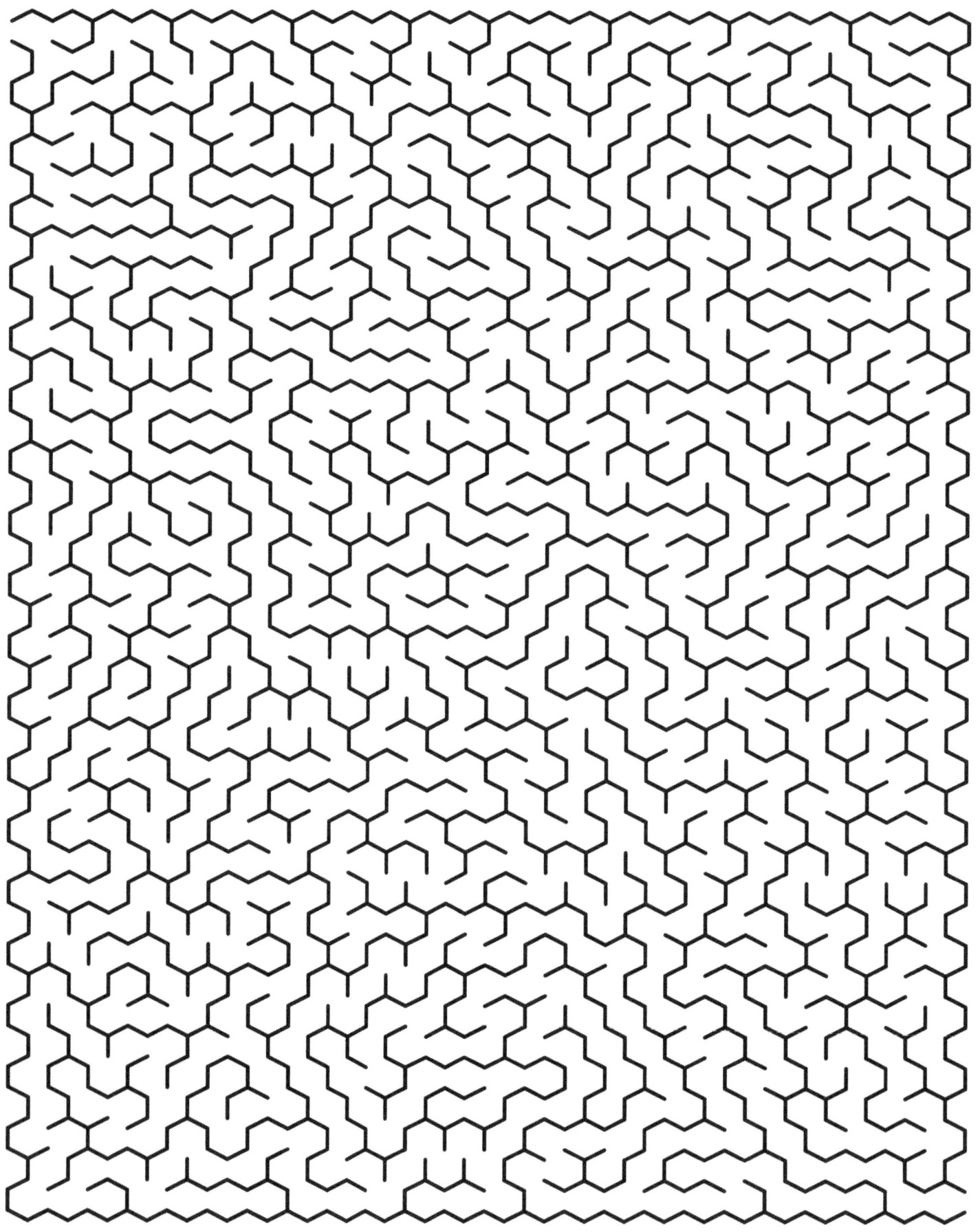

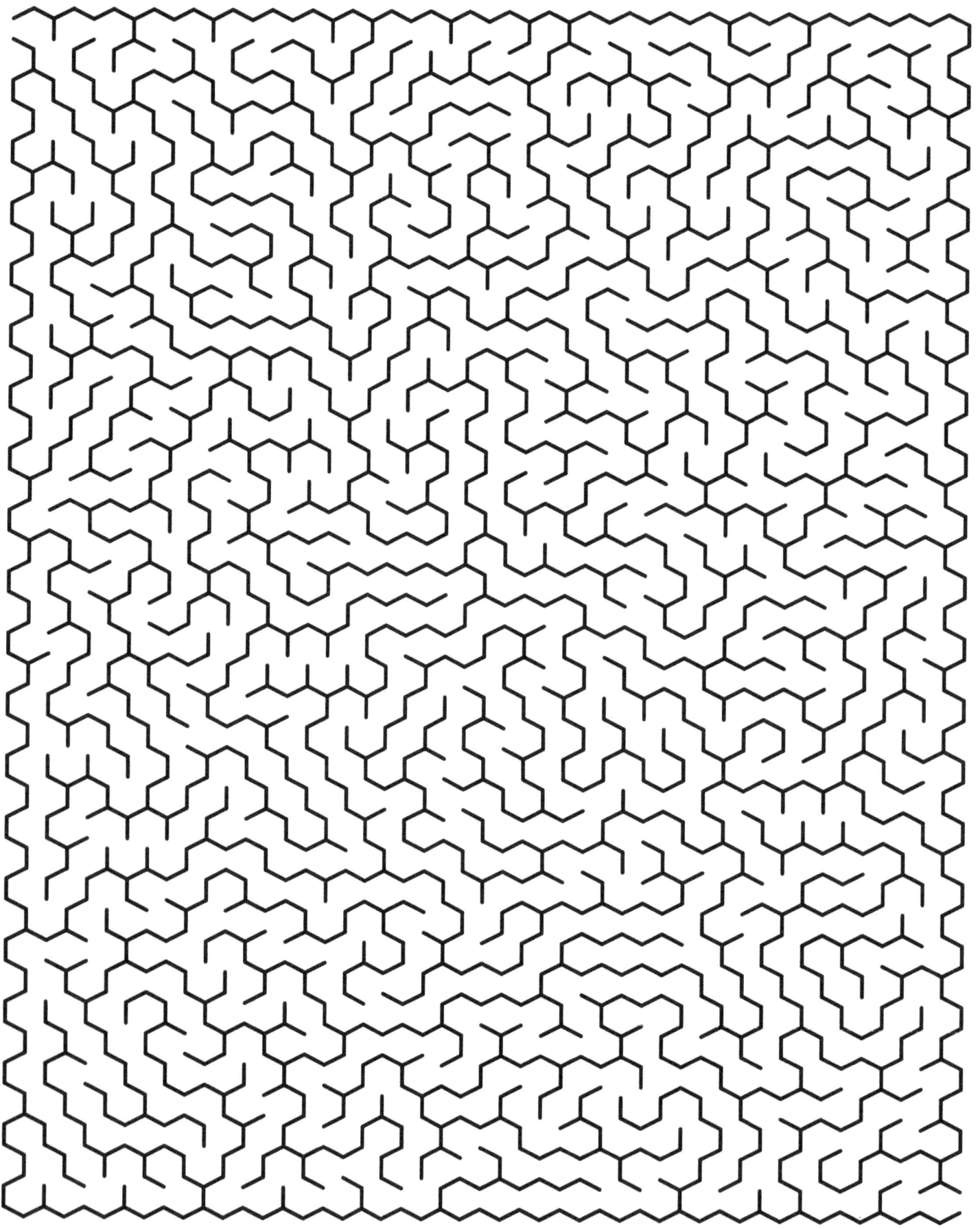

37×59　上級・六角格子迷路

9×12　初級・ひし形格子迷路

12×15　初級・ひし形格子迷路

12×15 中級・ひし形格子迷路

20×24　中級・ひし形格子迷路

20×24 上級・ひし形格子迷路

30×37　上級・ひし形格子迷路

9×12　初級・スナブ正方格子迷路

12×15　初級・スナブ正方格子迷路

12×15 中級・スナブ正方格子迷路

20×24　中級・スナブ正方格子迷路

20×24　上級・スナブ正方格子迷路

30×37 上級・スナブ正方格子迷路

9×12　初級・スナブ正方格子2 迷路

9×12 初級・カイロ・タイル迷路

12×15 初級・カイロ・タイル迷路

13×16 初級・カイロ・タイル迷路

13×15　中級・カイロ・タイル迷路

20×24　中級・カイロ・タイル迷路

20×24　上級・カイロ・タイル迷路

30×37 上級・カイロ・タイル迷路

20×20　上級・円形迷路

25×25 上級・円形迷路

30×30　上級・円形迷路

35×35　上級・円形迷路

9×12　初級・正方三角格子迷路

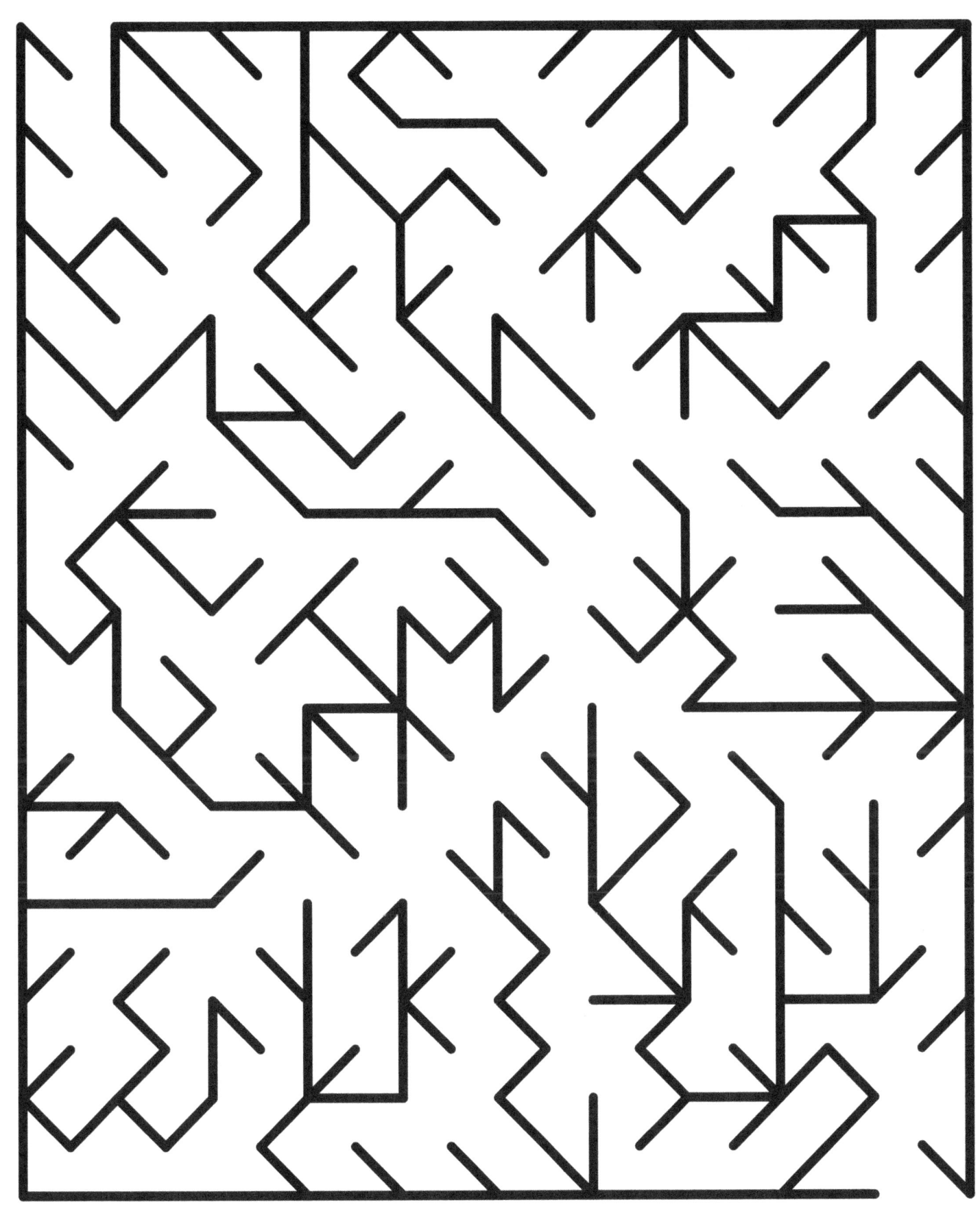

12×15　初級・正方三角格子迷路

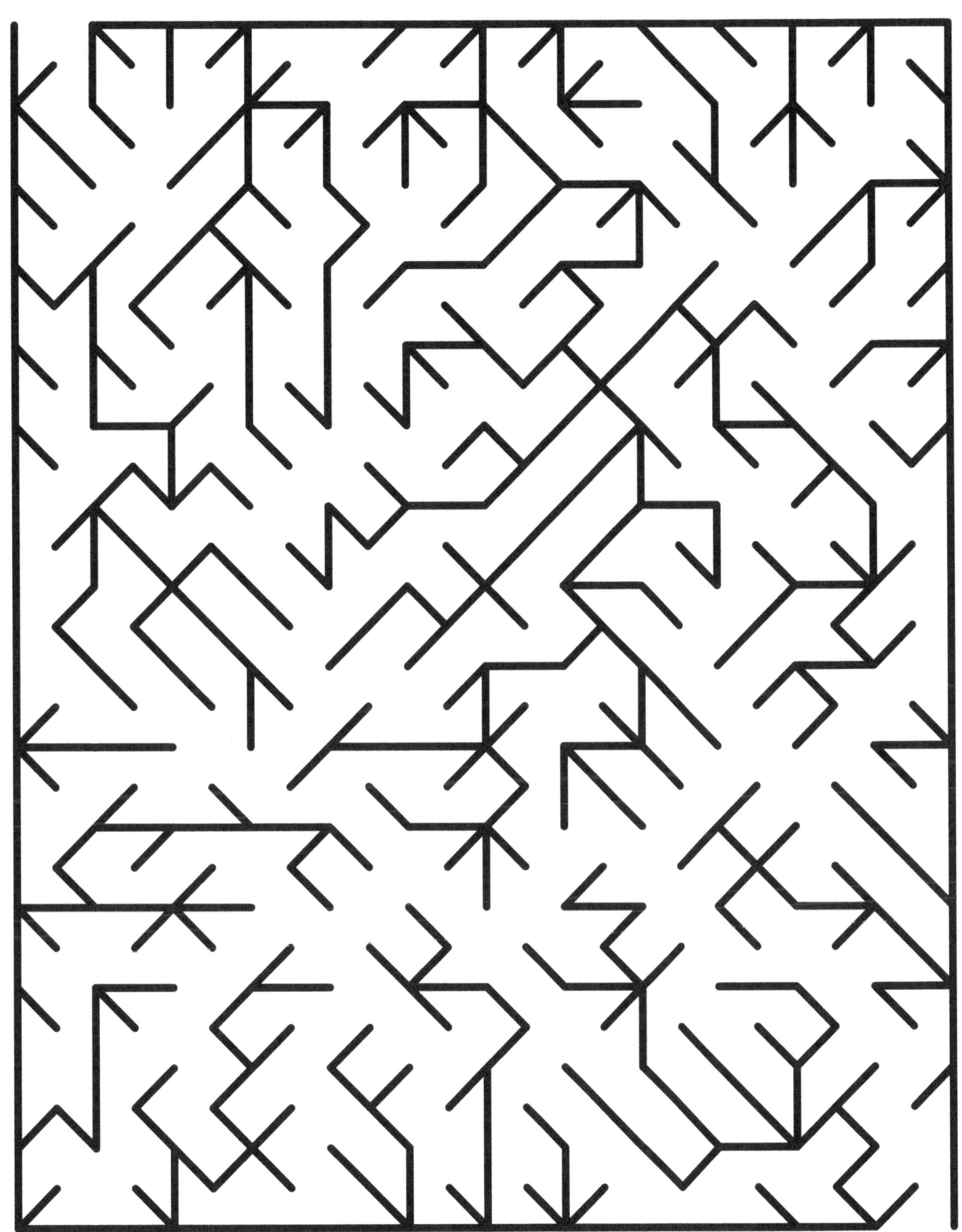

12×15　中級・正方三角格子迷路

20×24 中級・正方三角格子迷路

20×24　上級・正方三角格子迷路

30×37　上級・正方三角格子迷路

解答

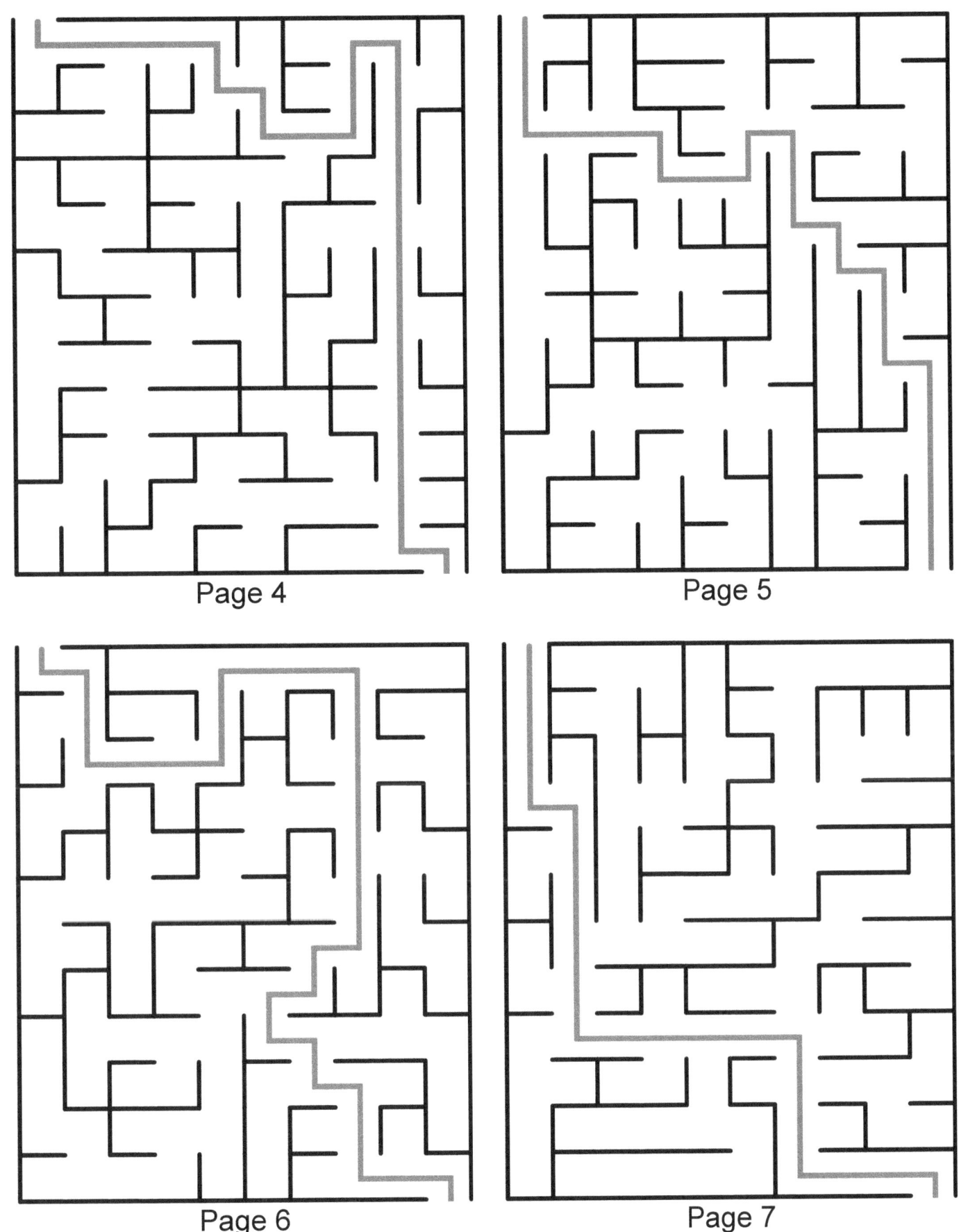

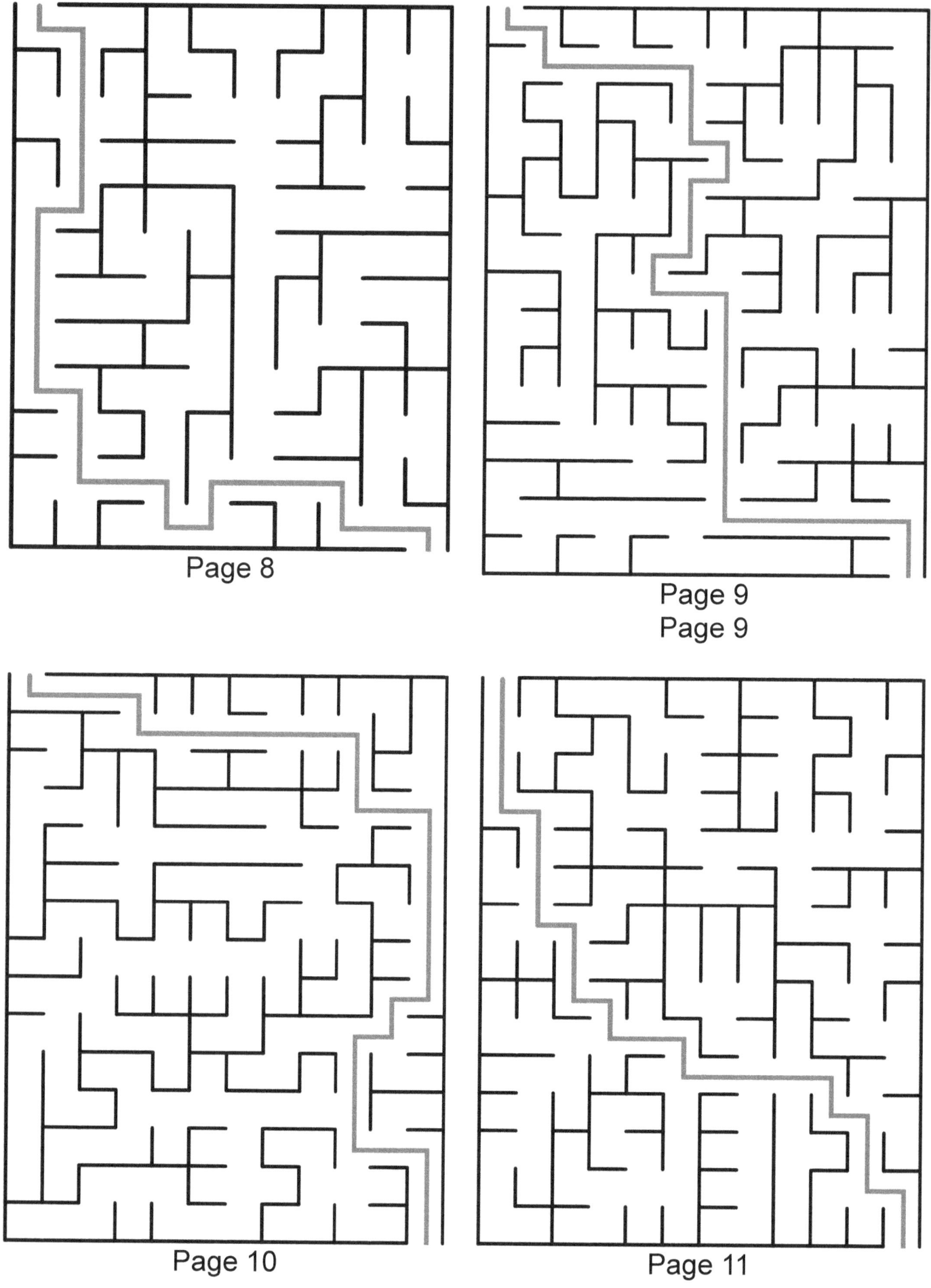

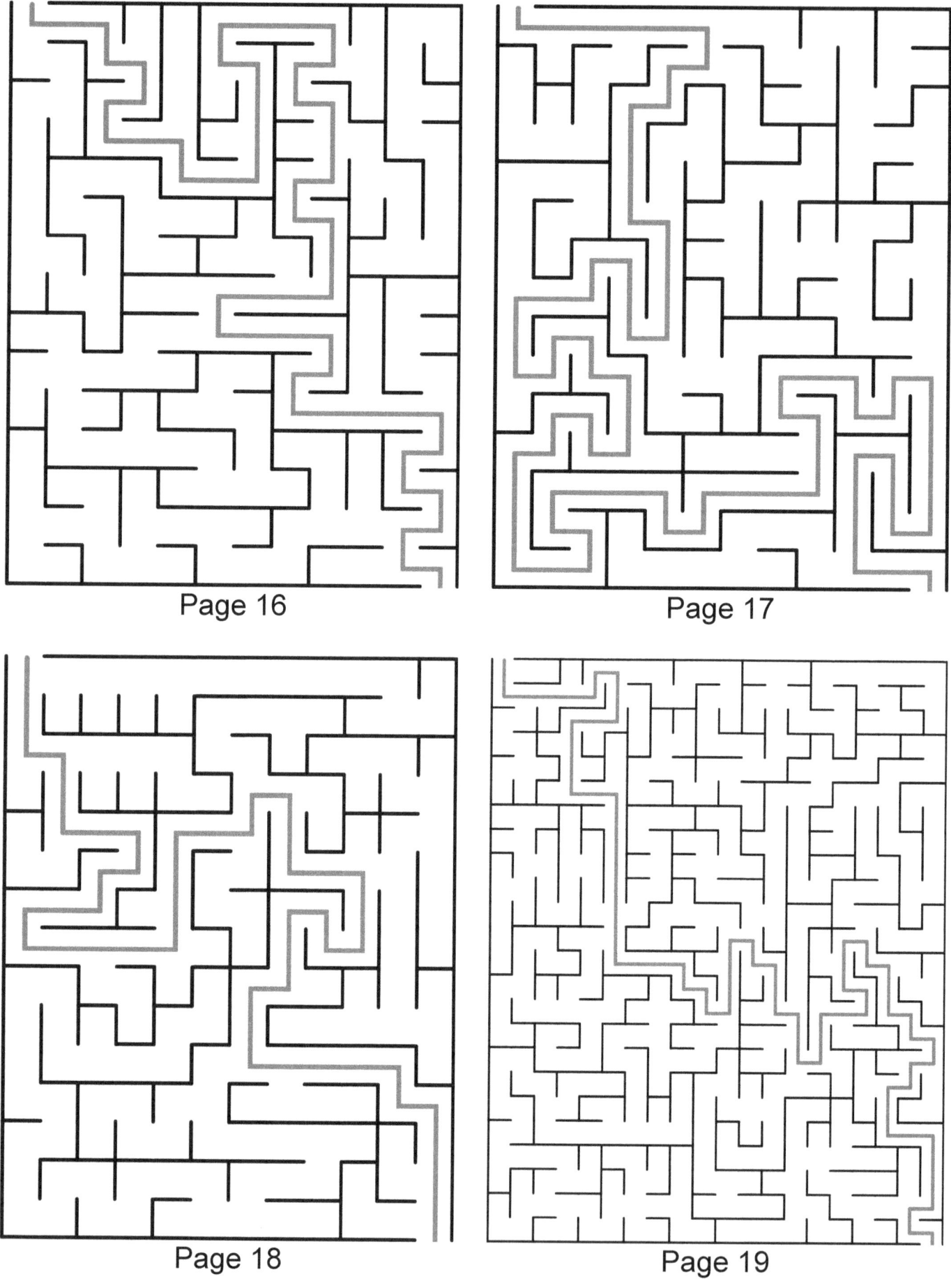

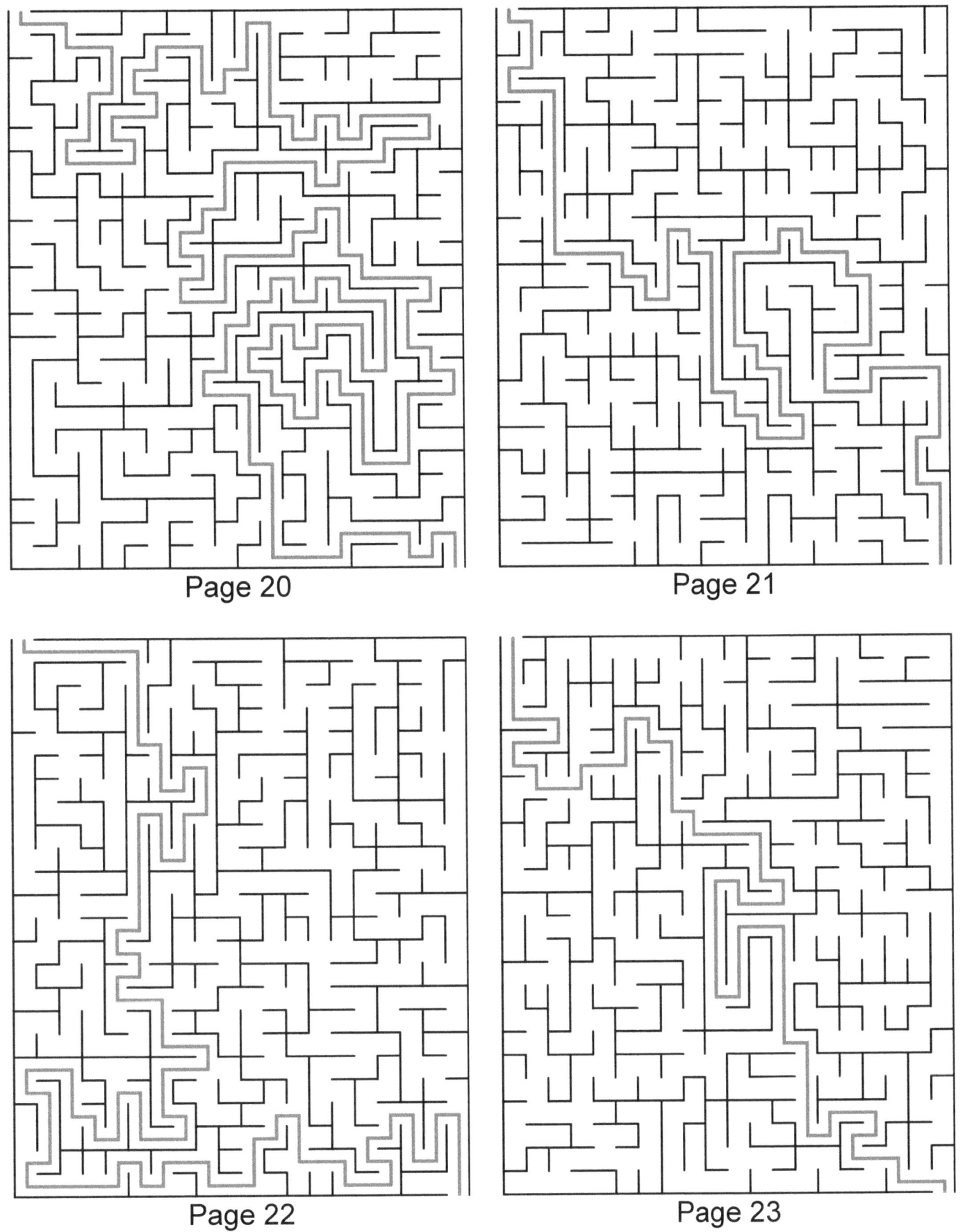

Page 20

Page 21

Page 22

Page 23

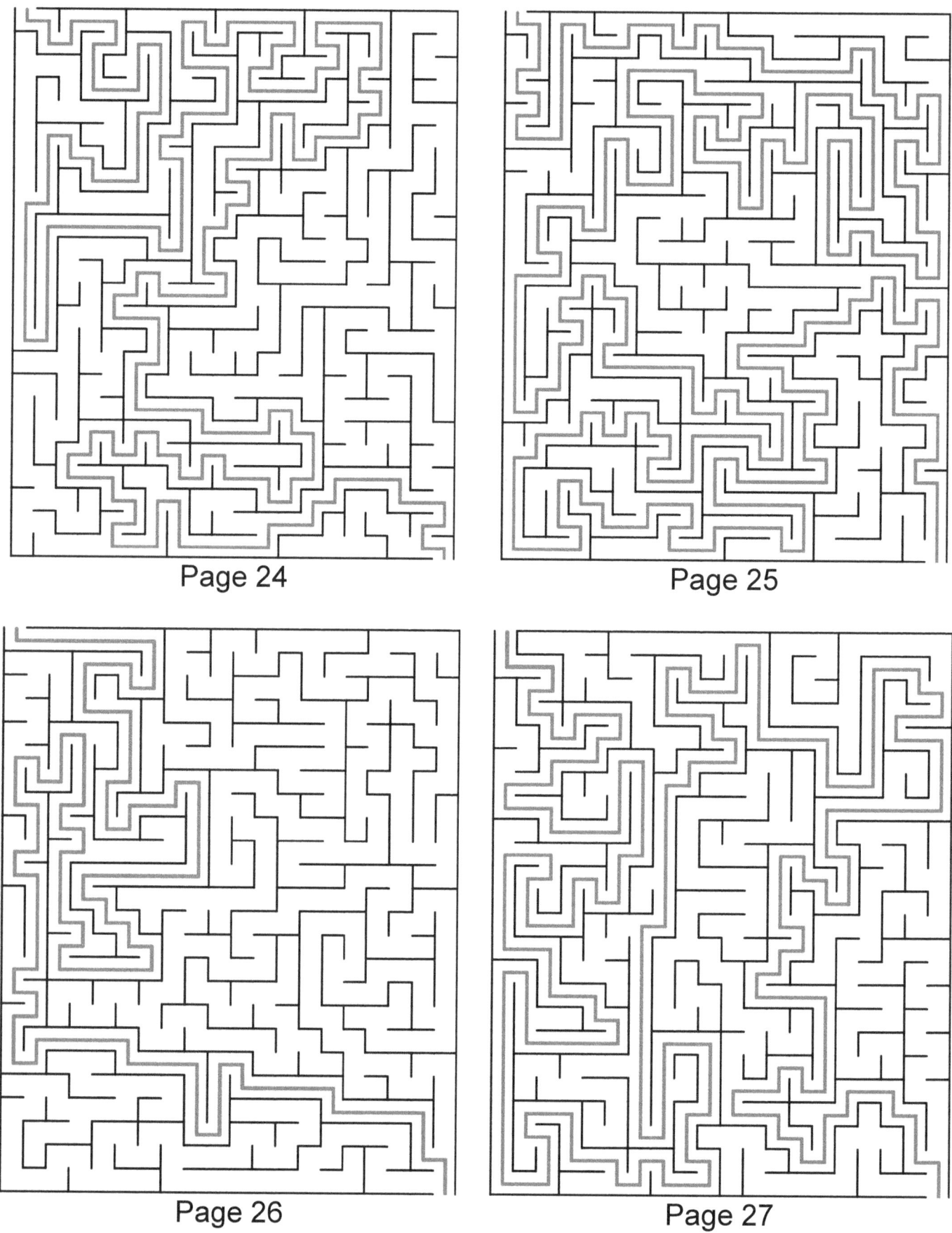

Page 24 　　　　　Page 25
Page 26 　　　　　Page 27

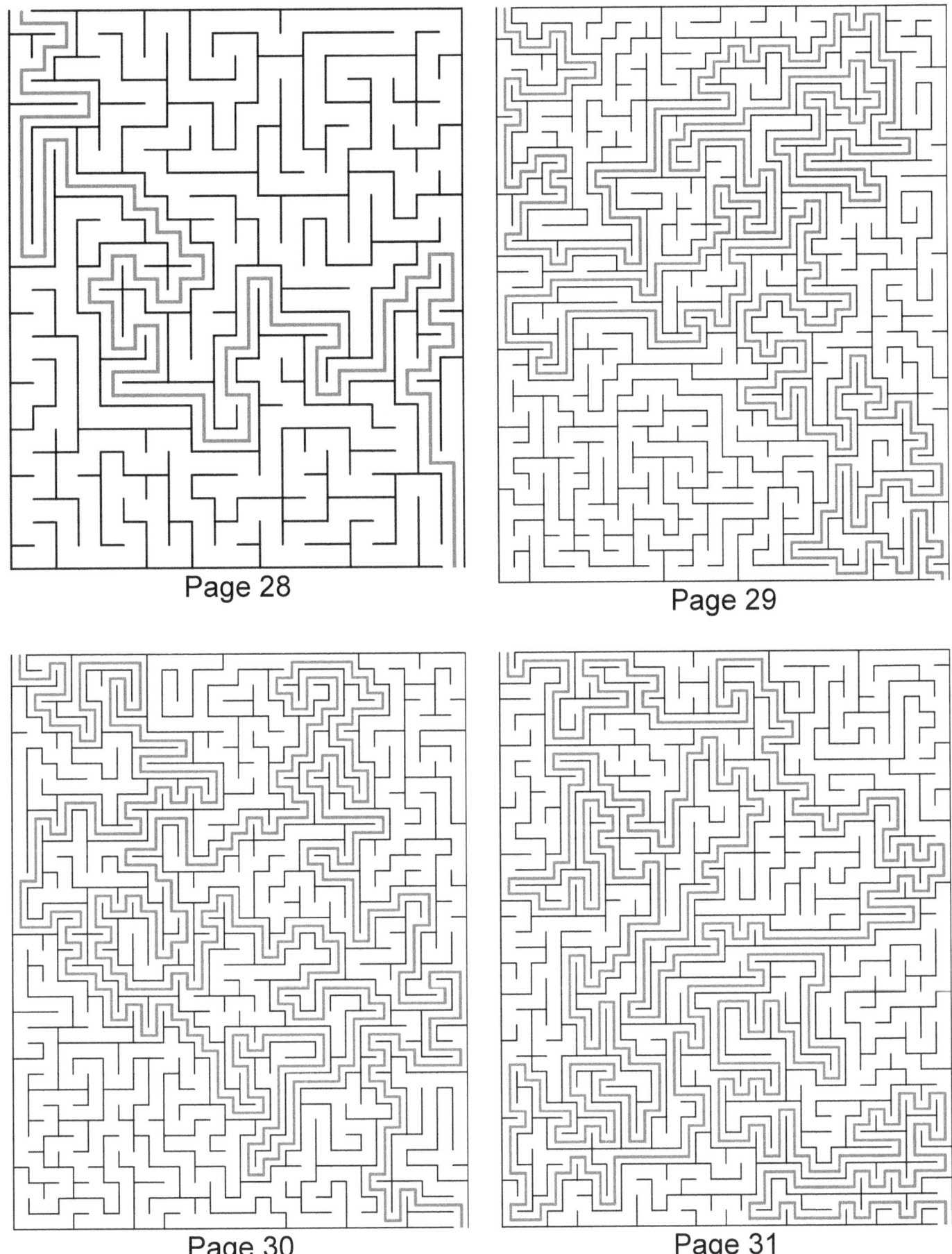

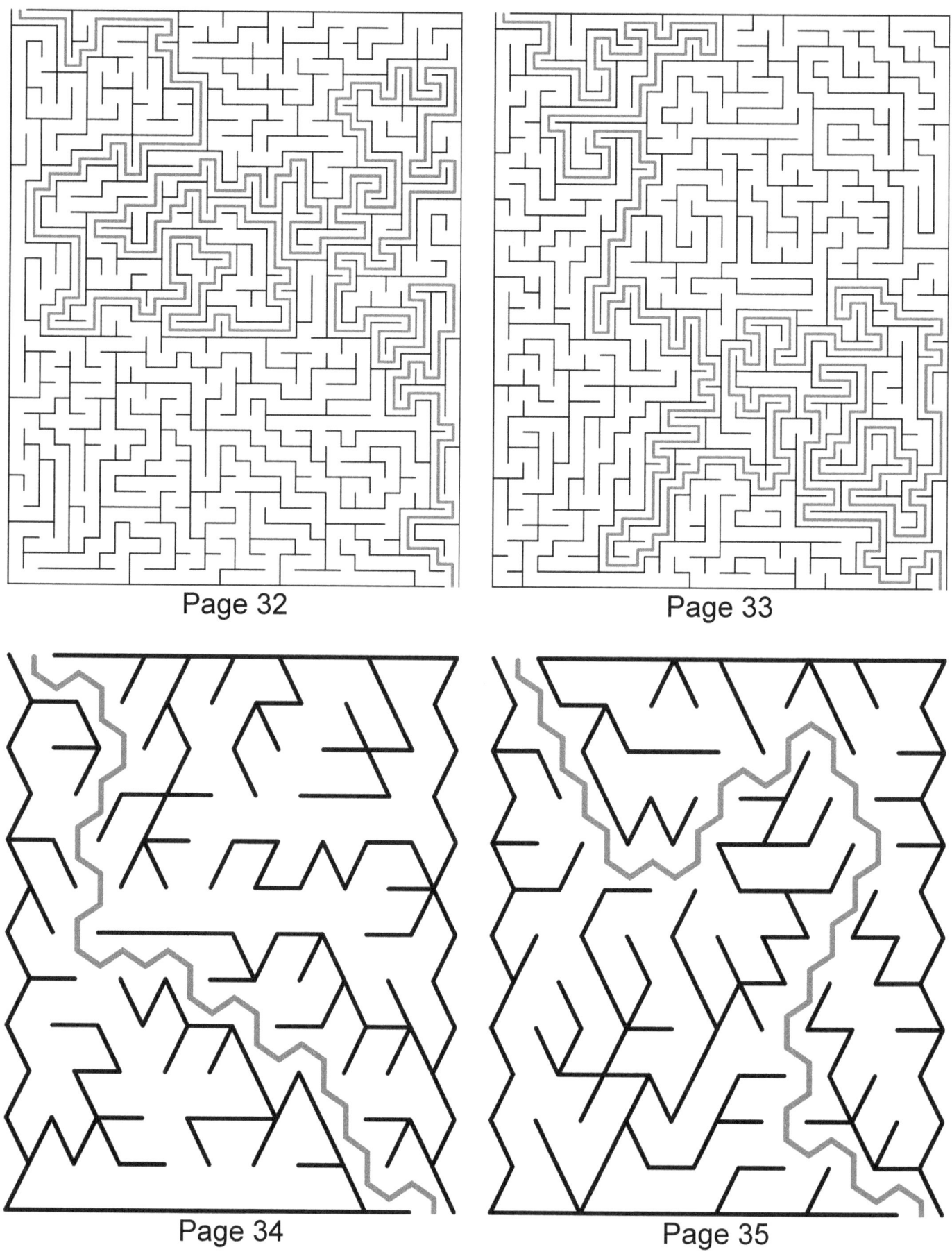

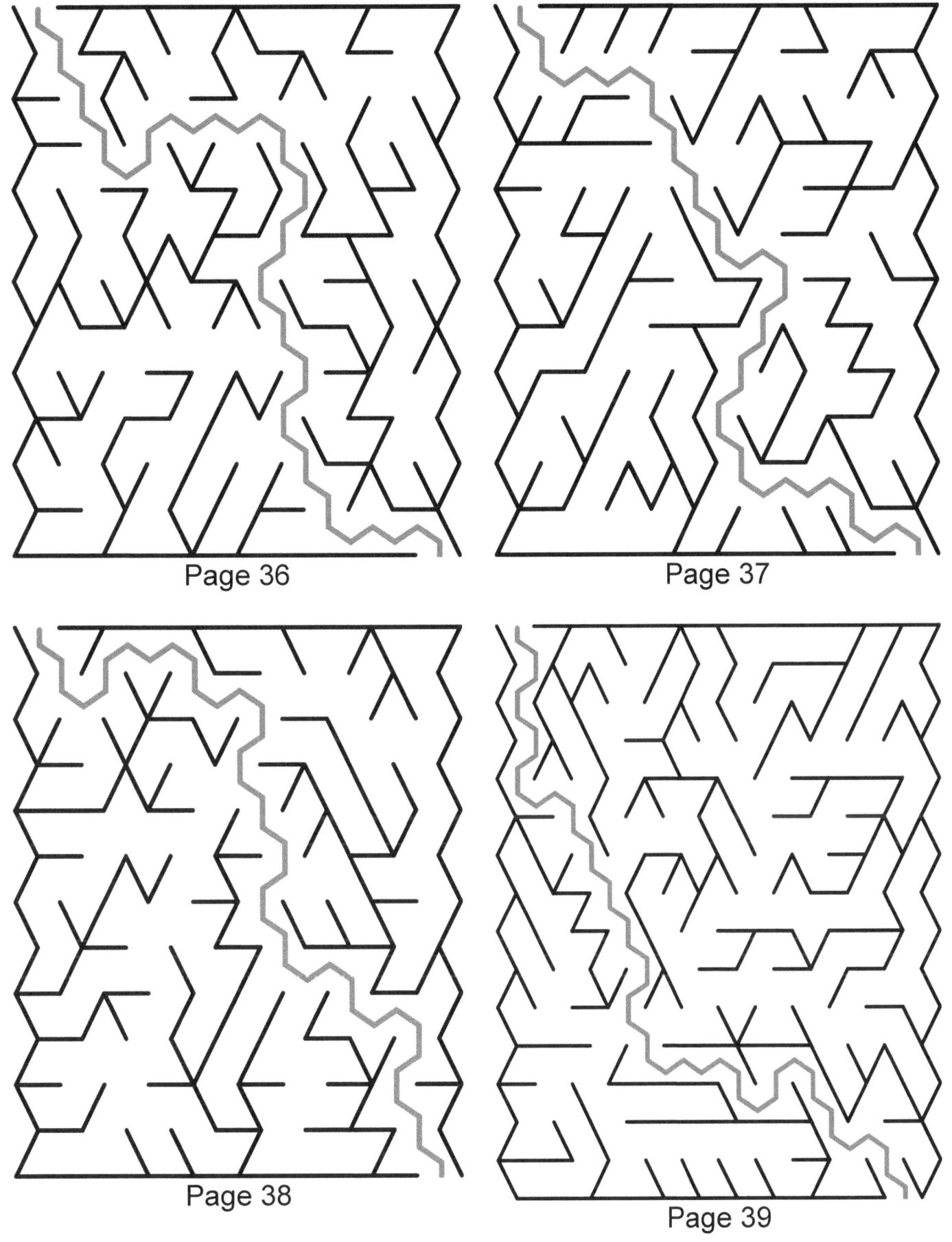

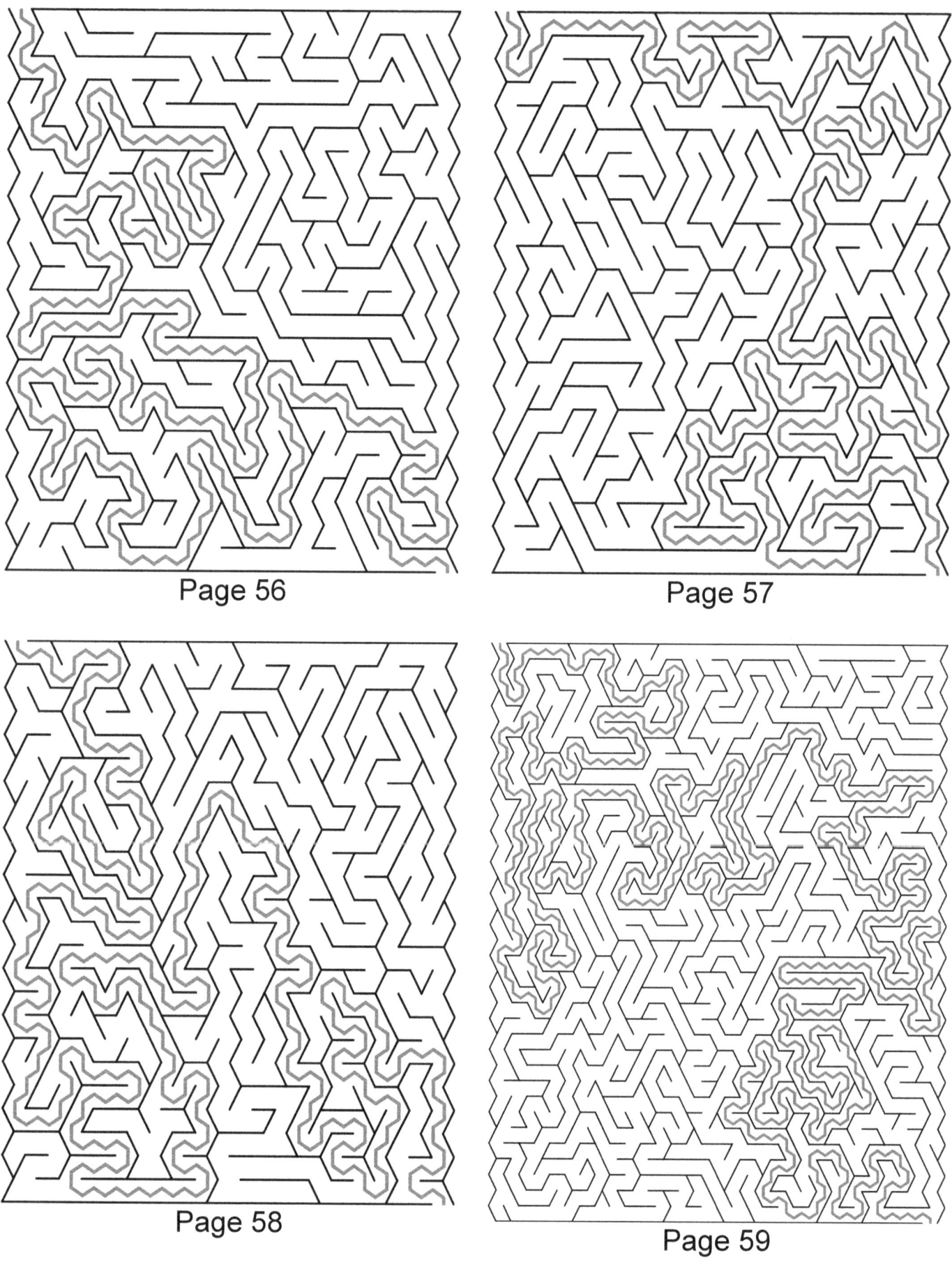

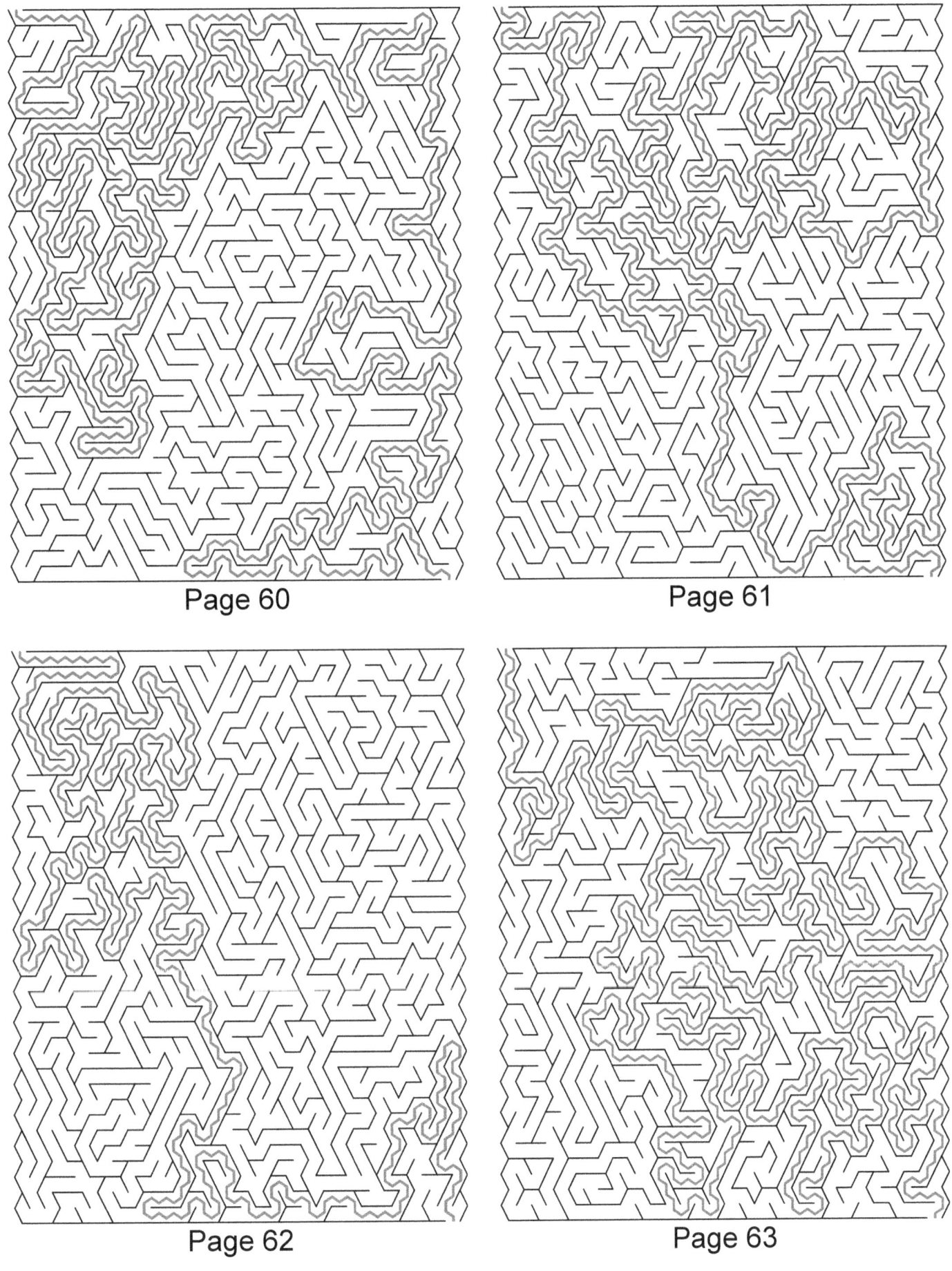

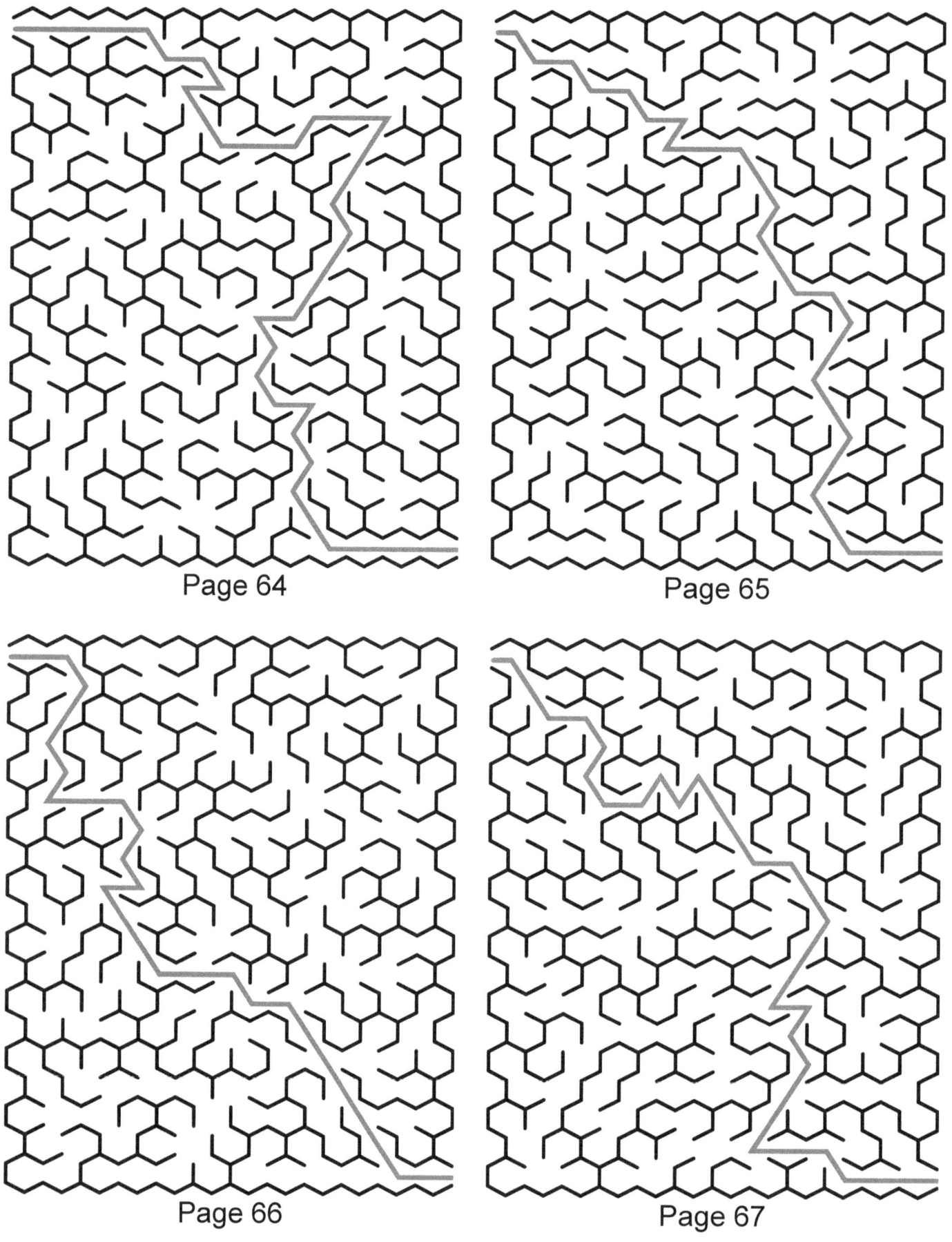

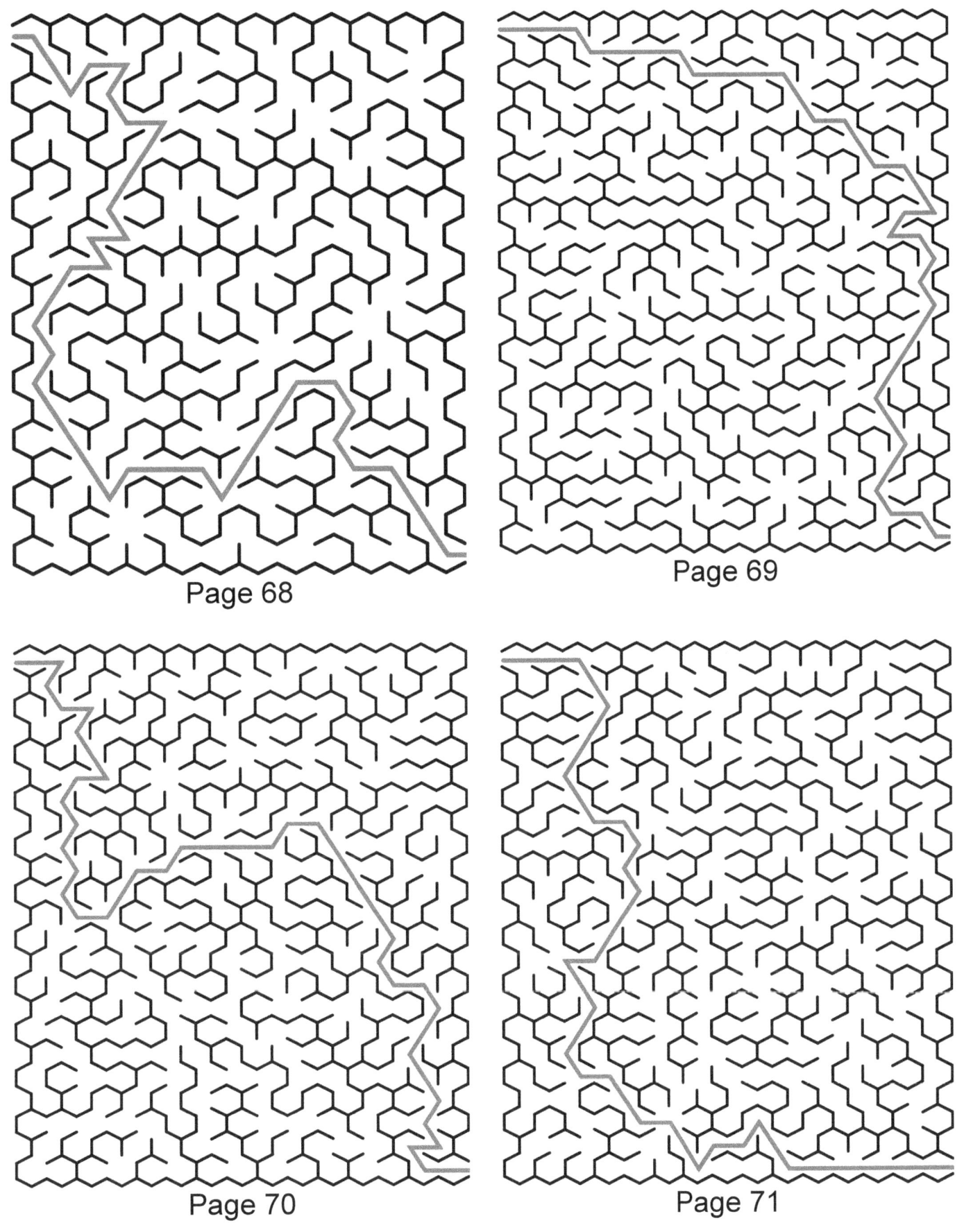

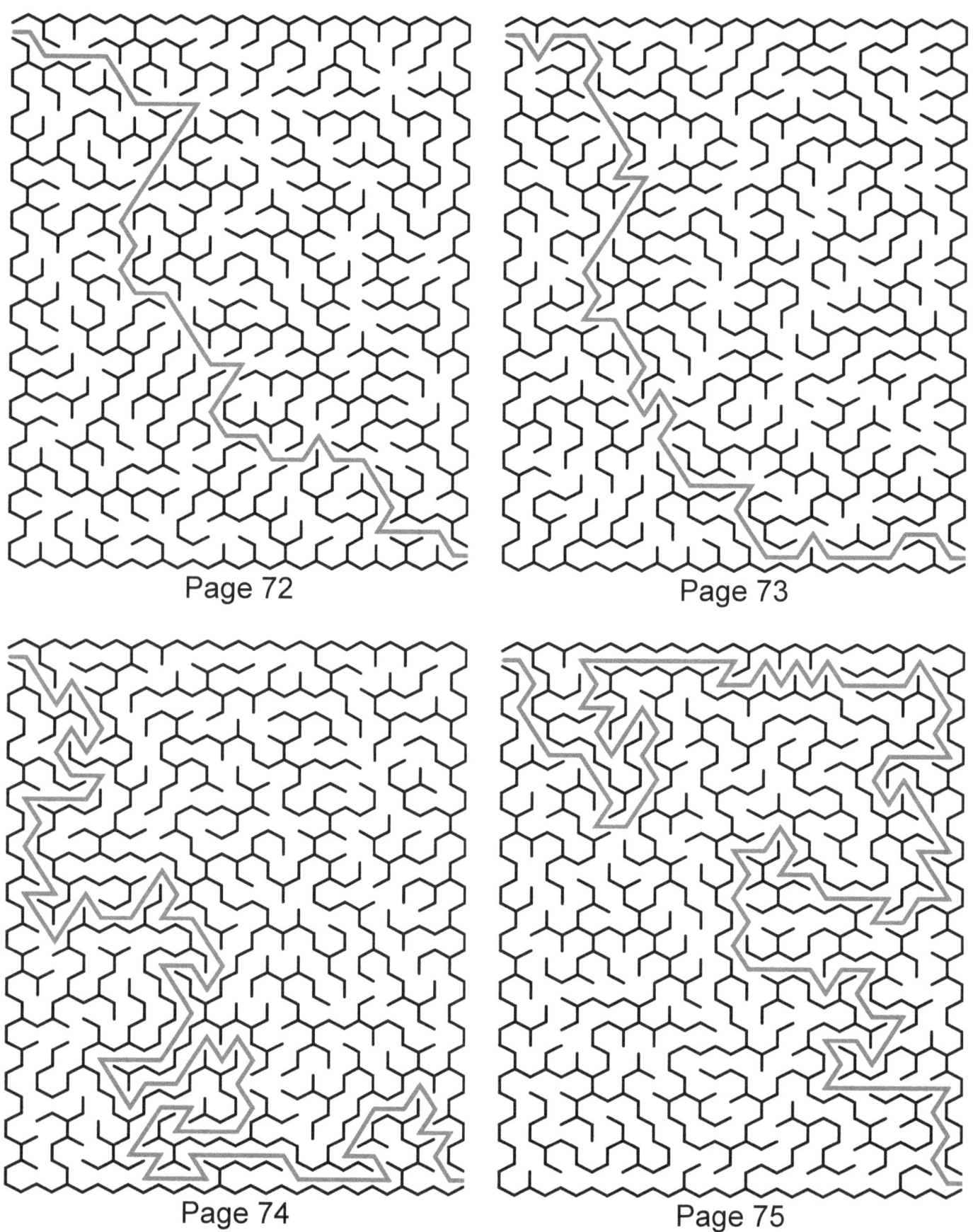

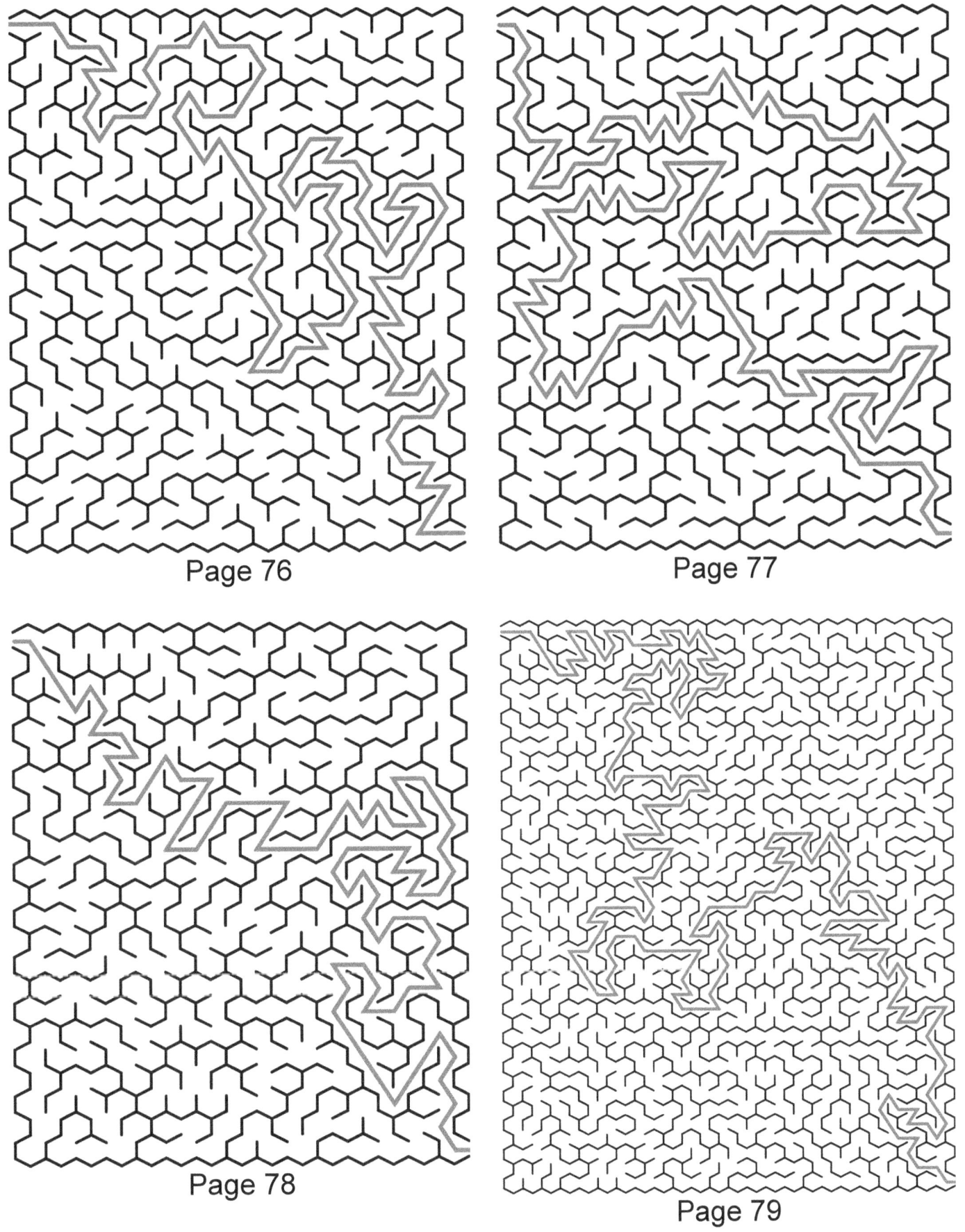

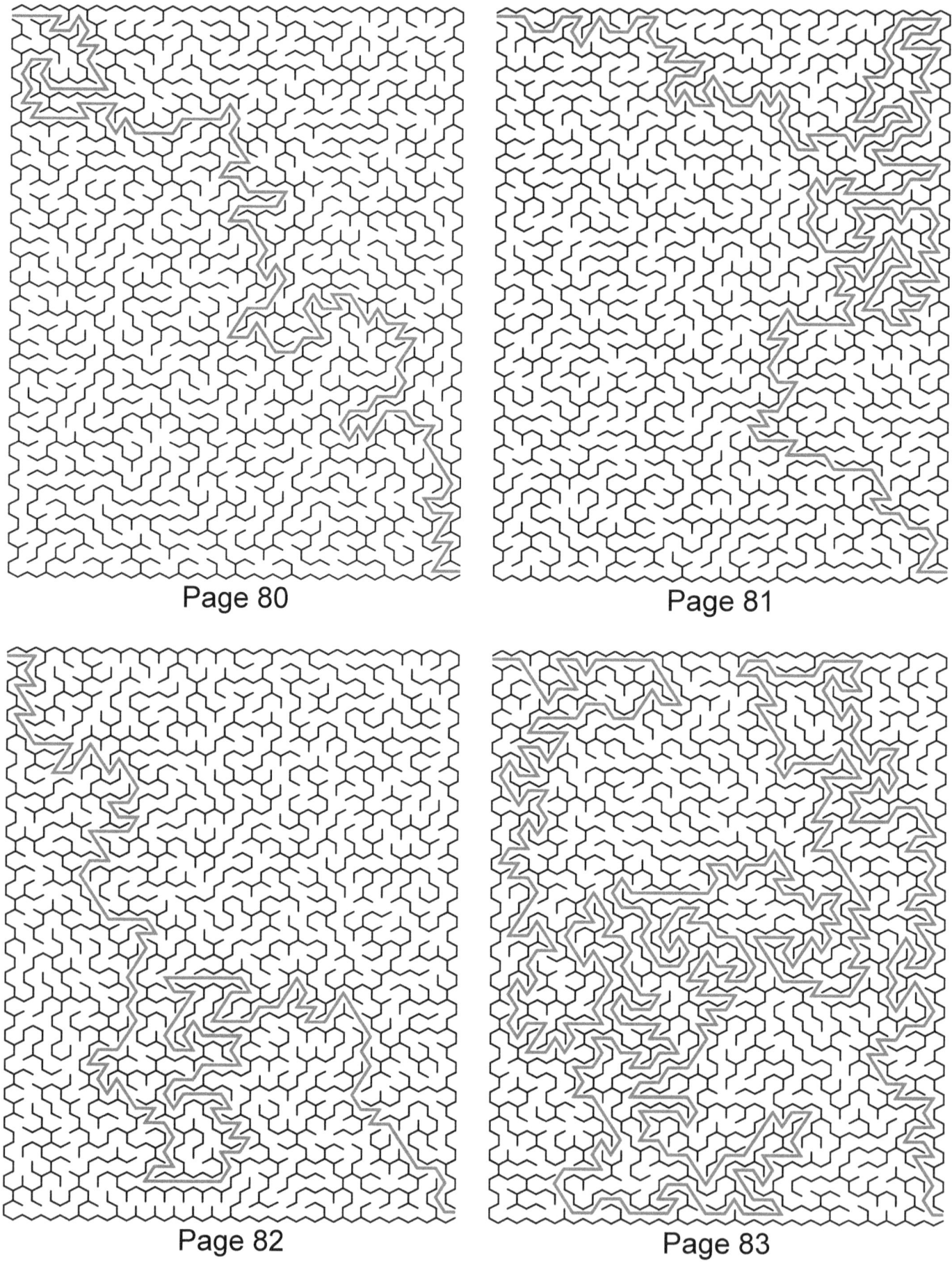

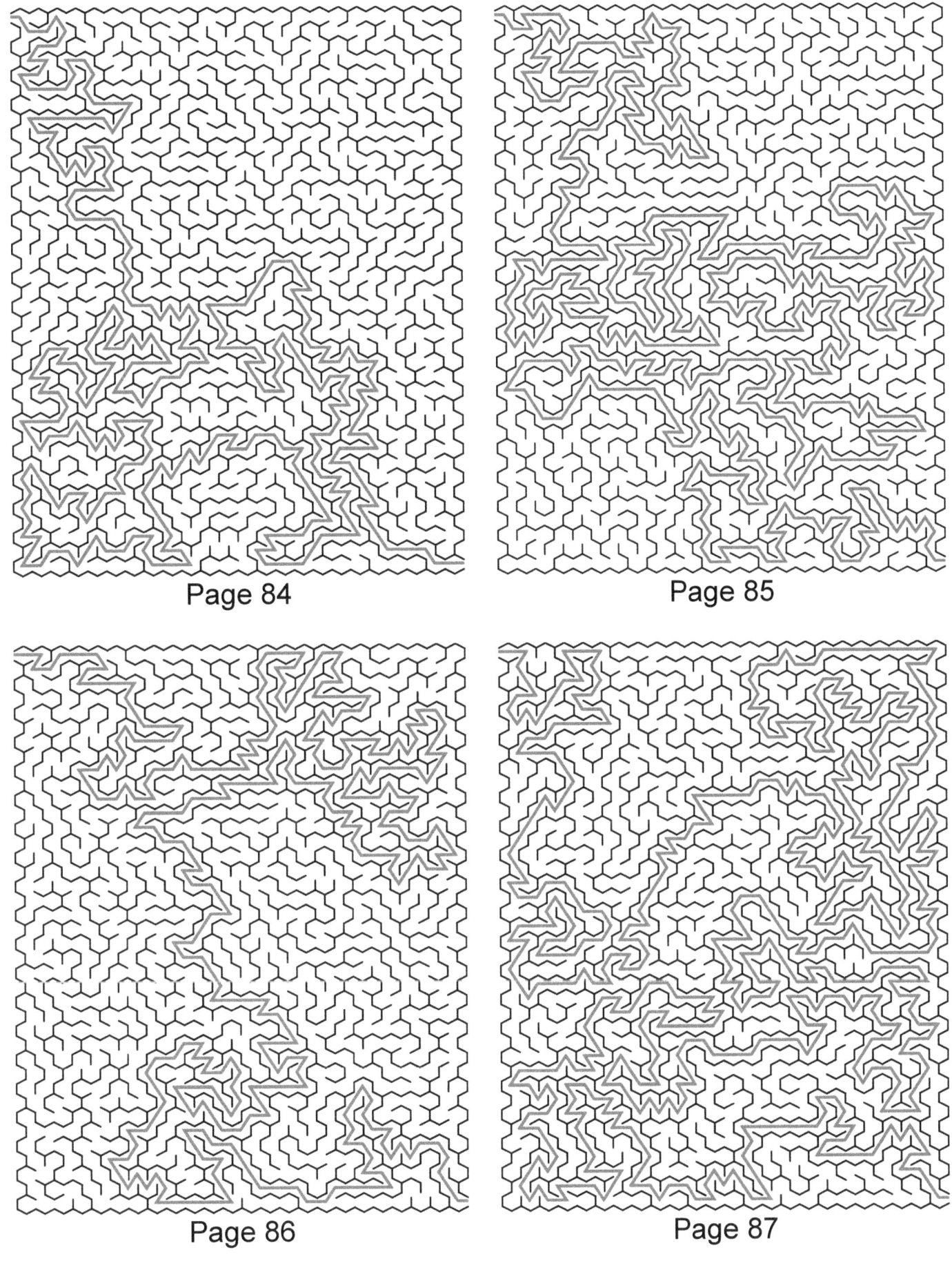

Page 84　　　　　　　　　　Page 85

Page 86　　　　　　　　　　Page 87

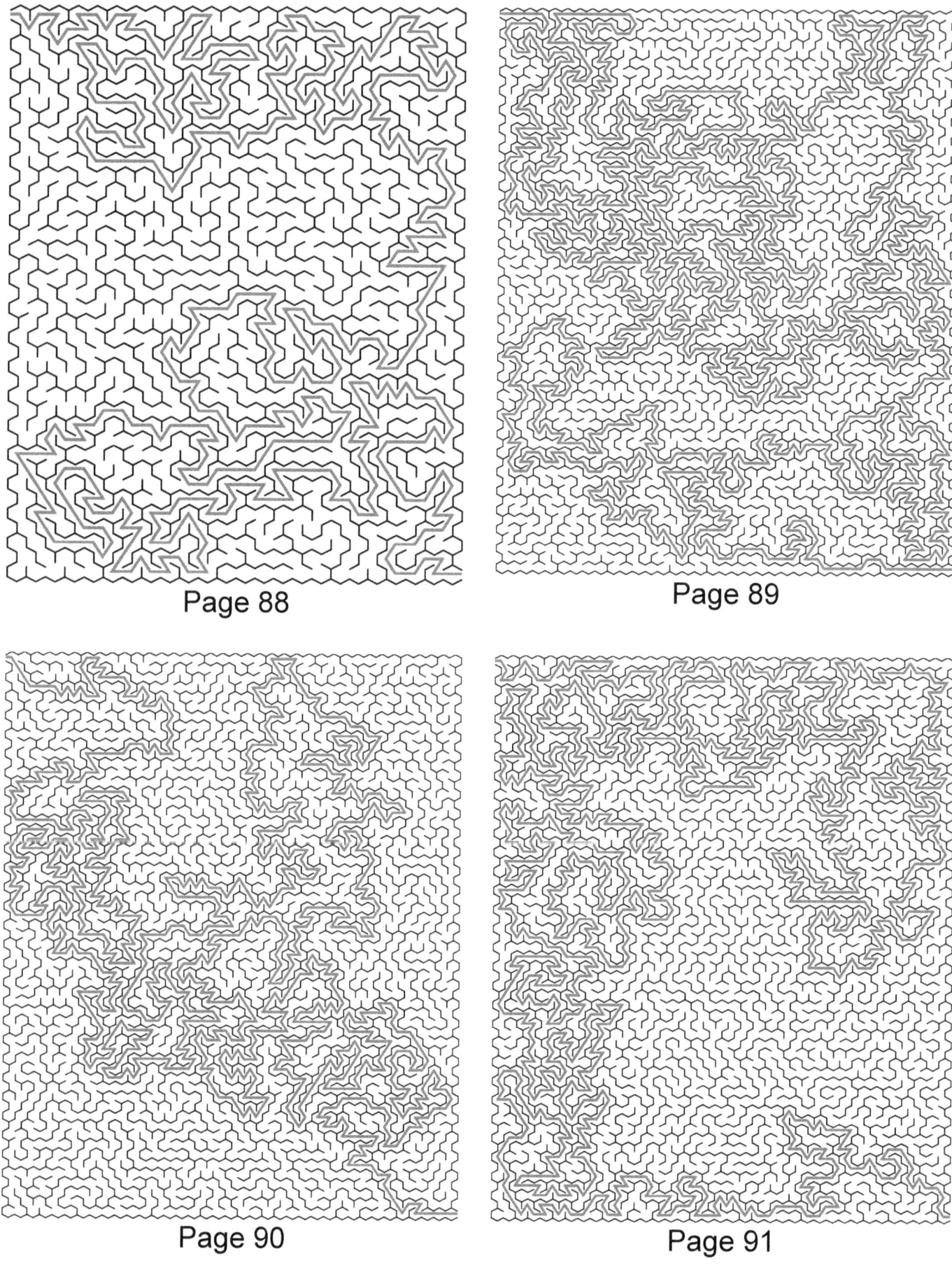

Page 88

Page 89

Page 90

Page 91

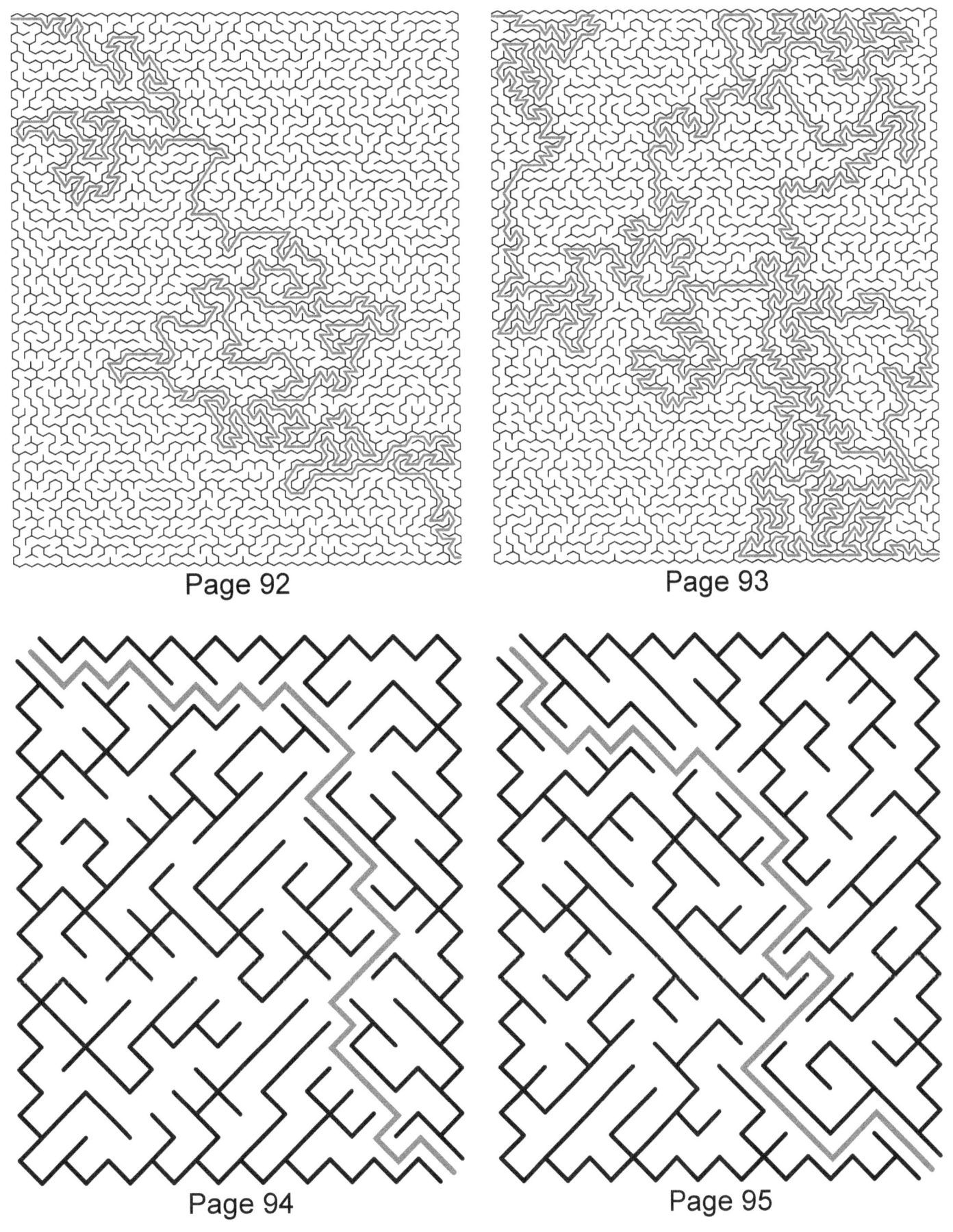

Page 92

Page 93

Page 94

Page 95

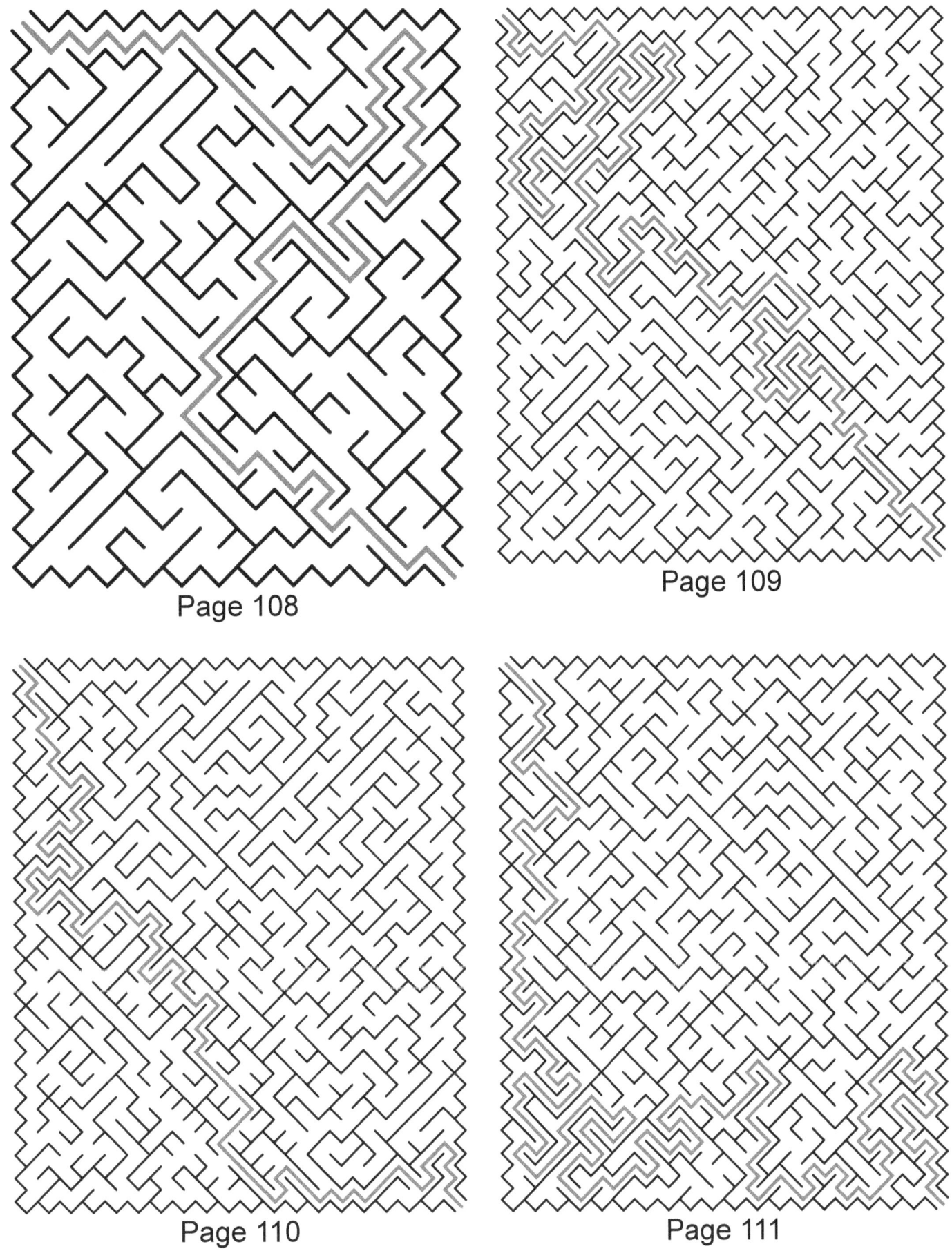

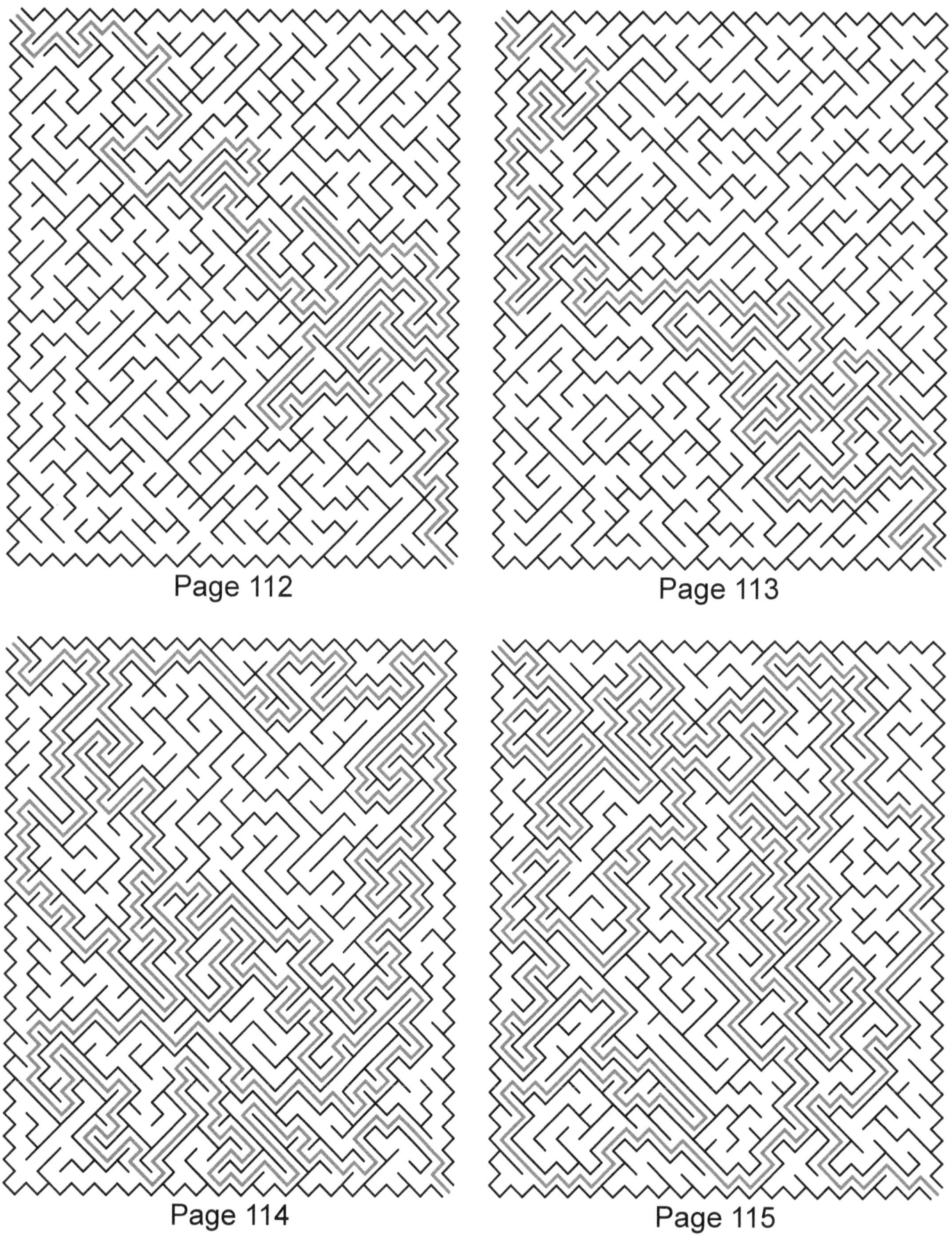

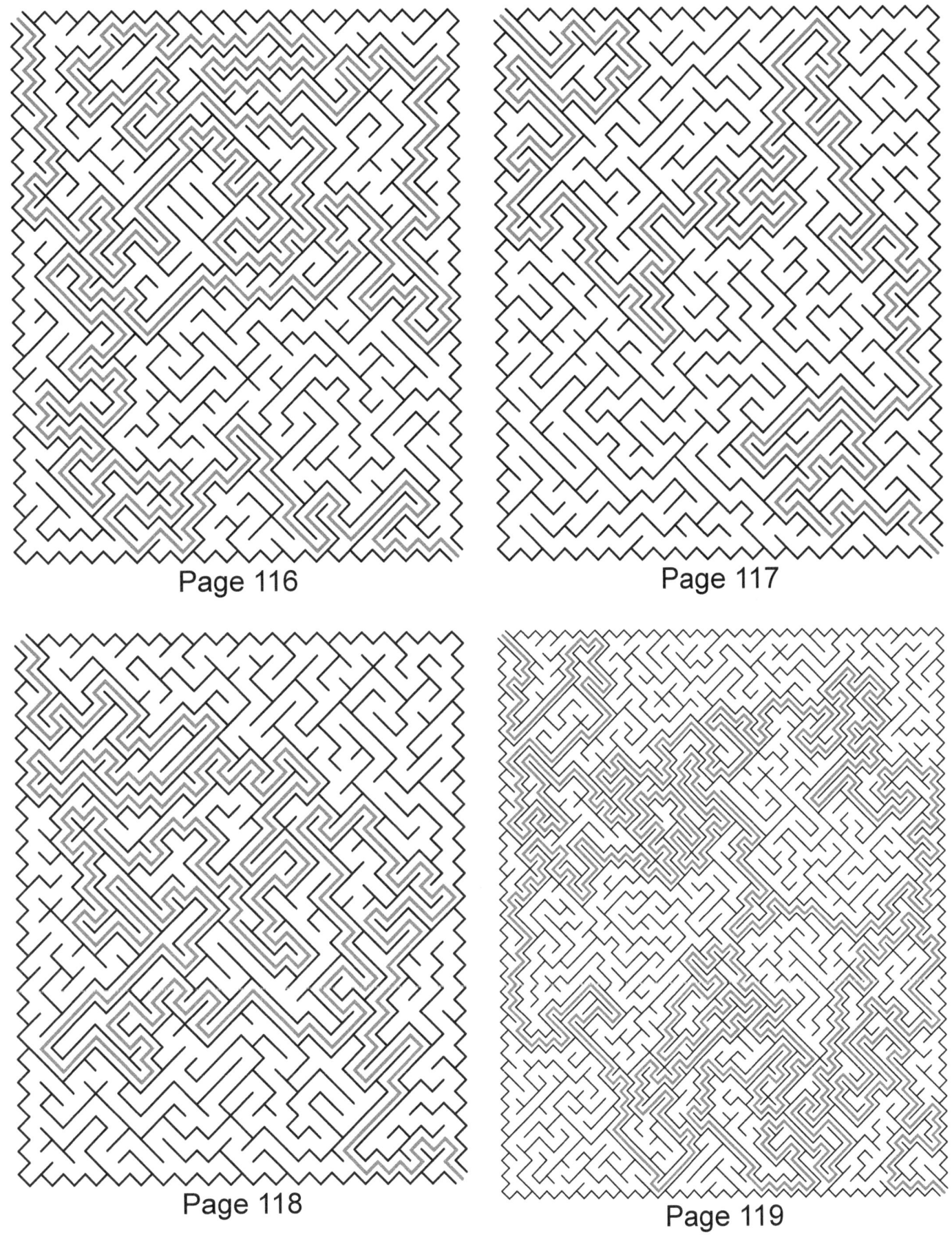

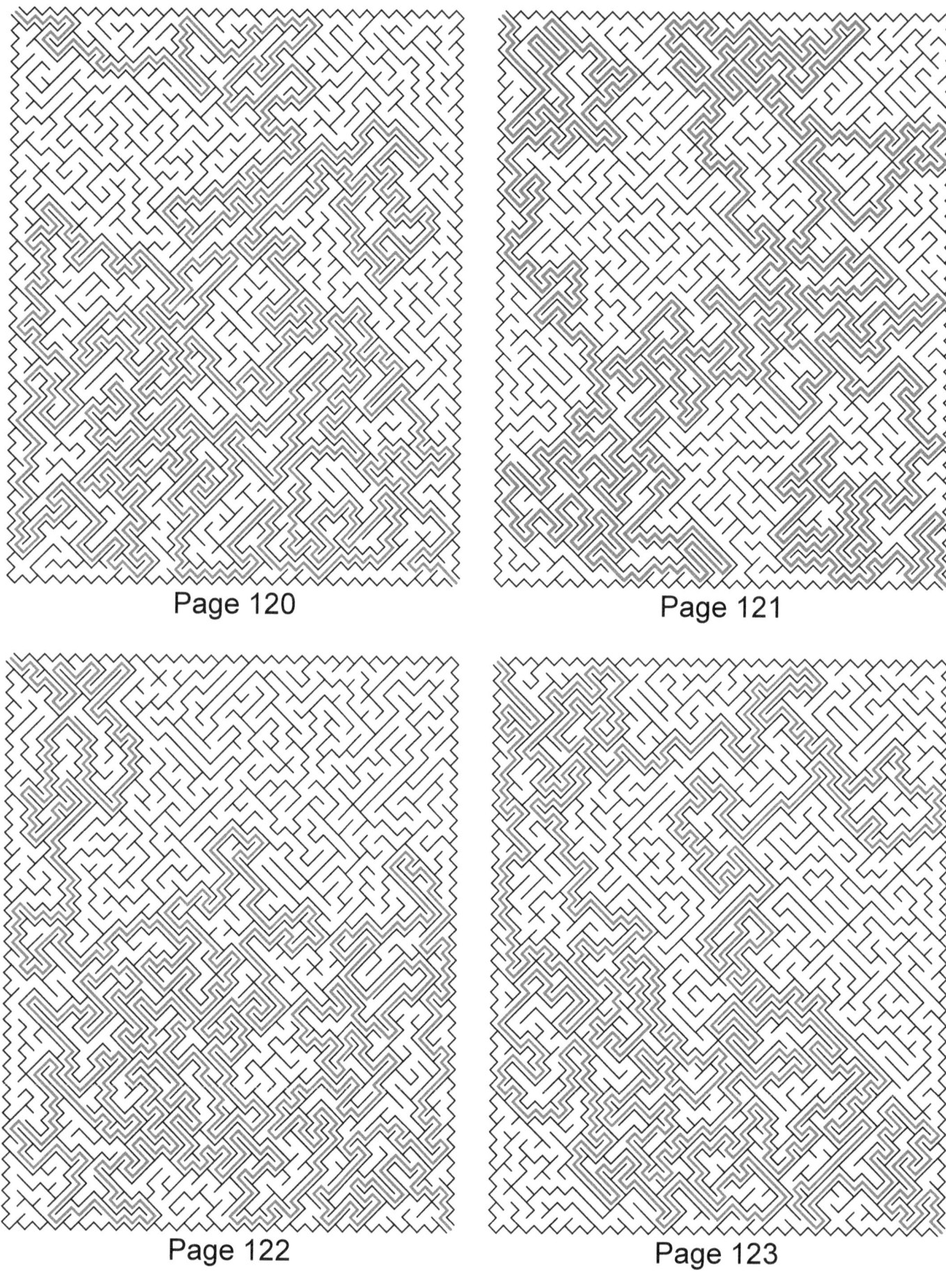

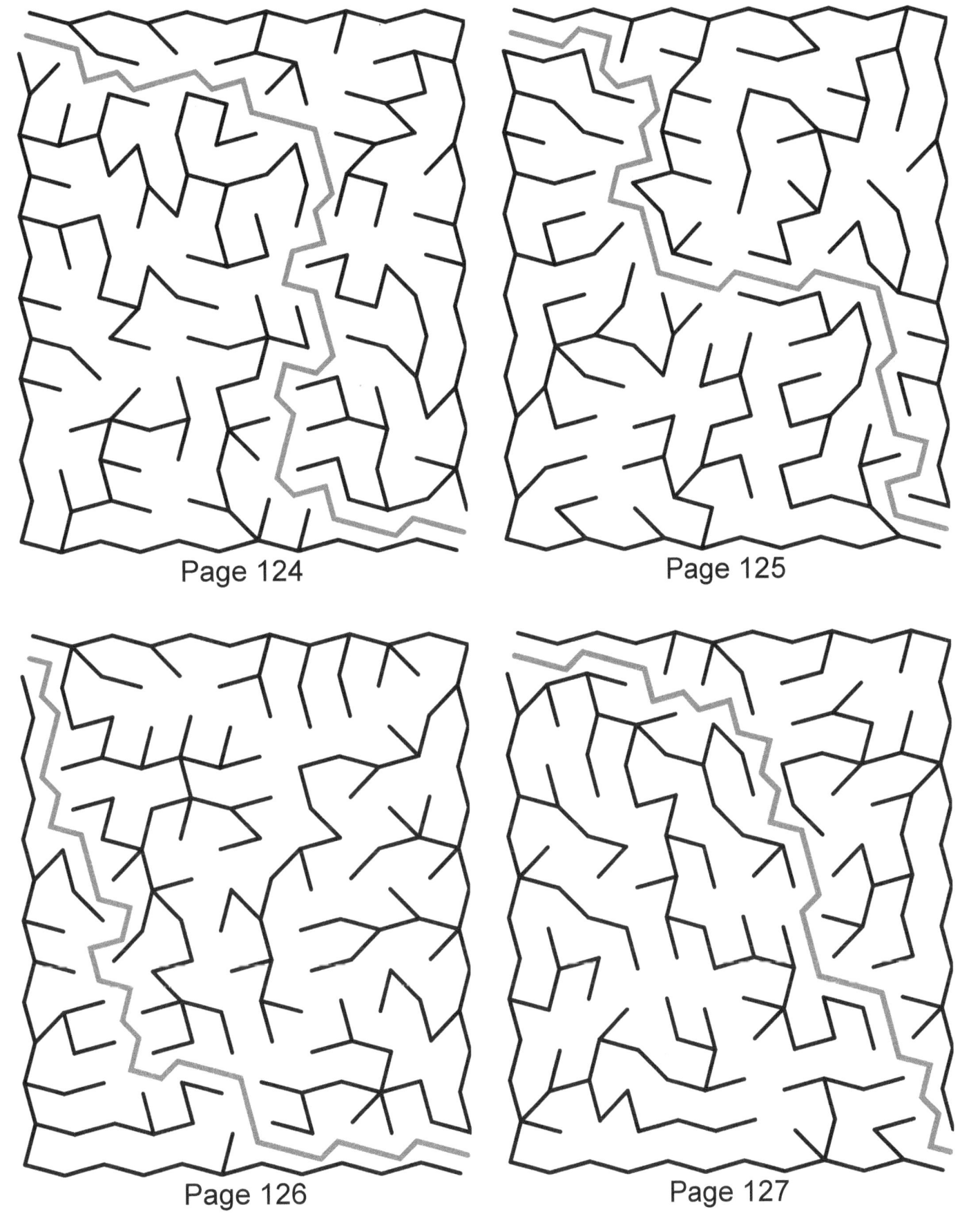

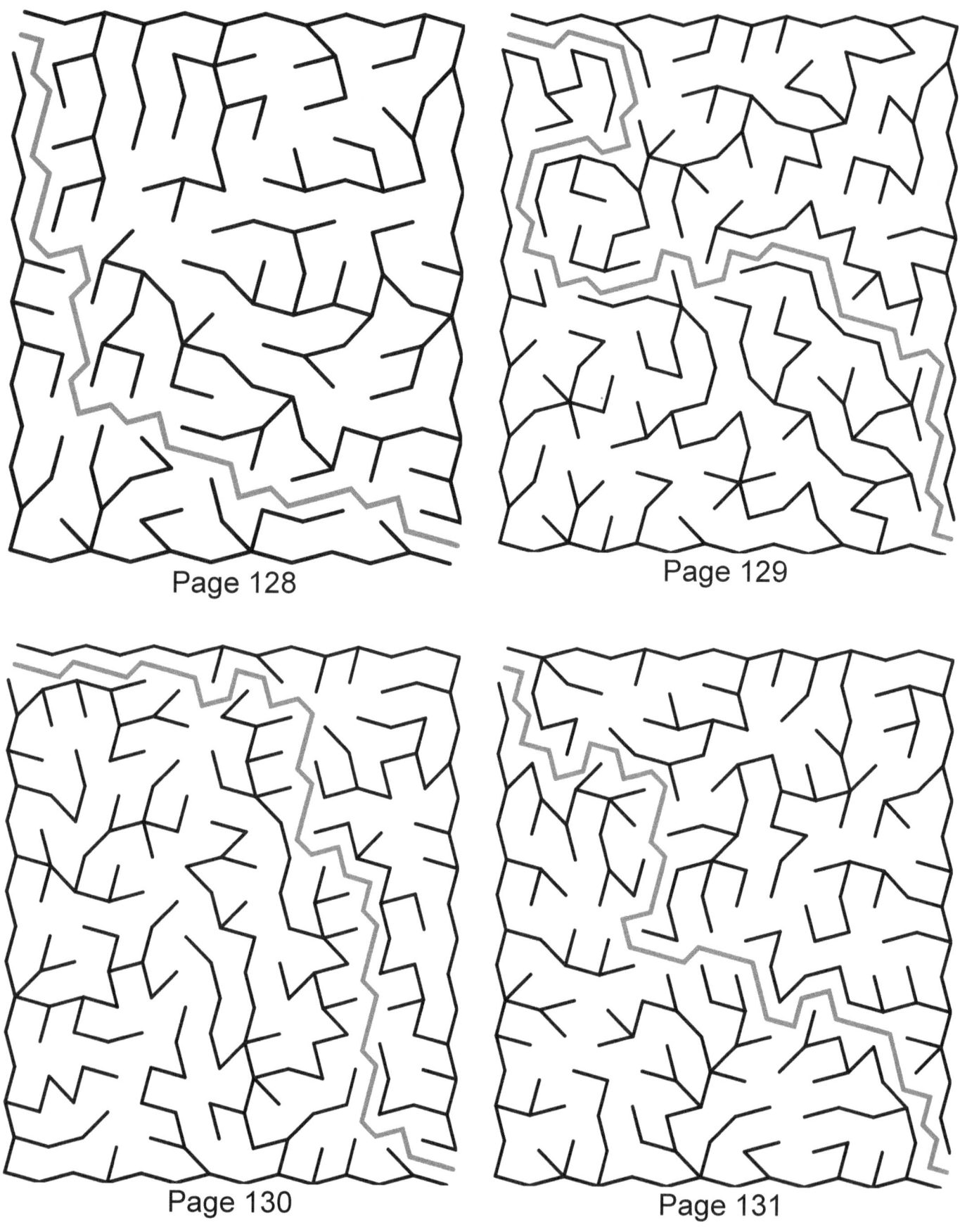

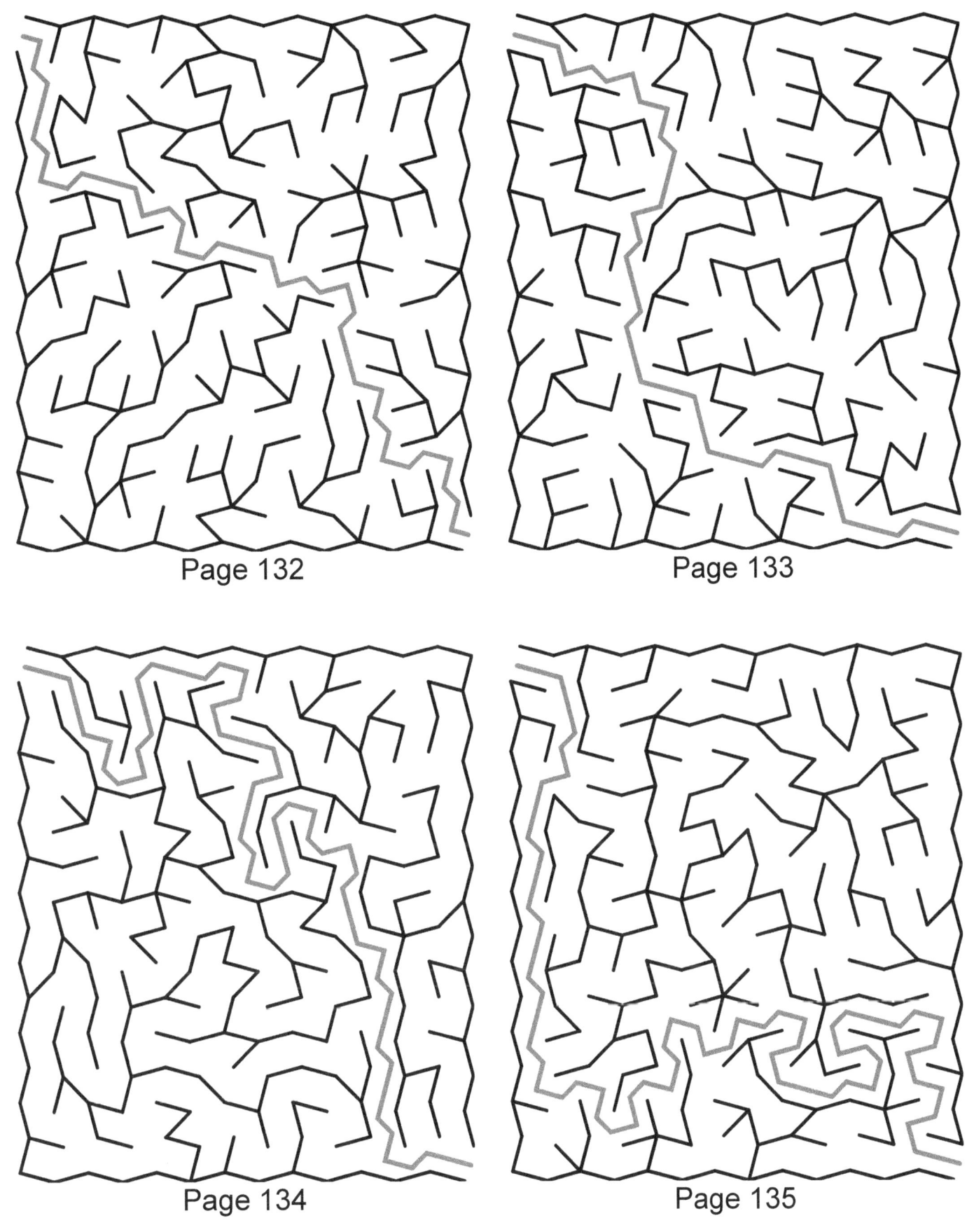

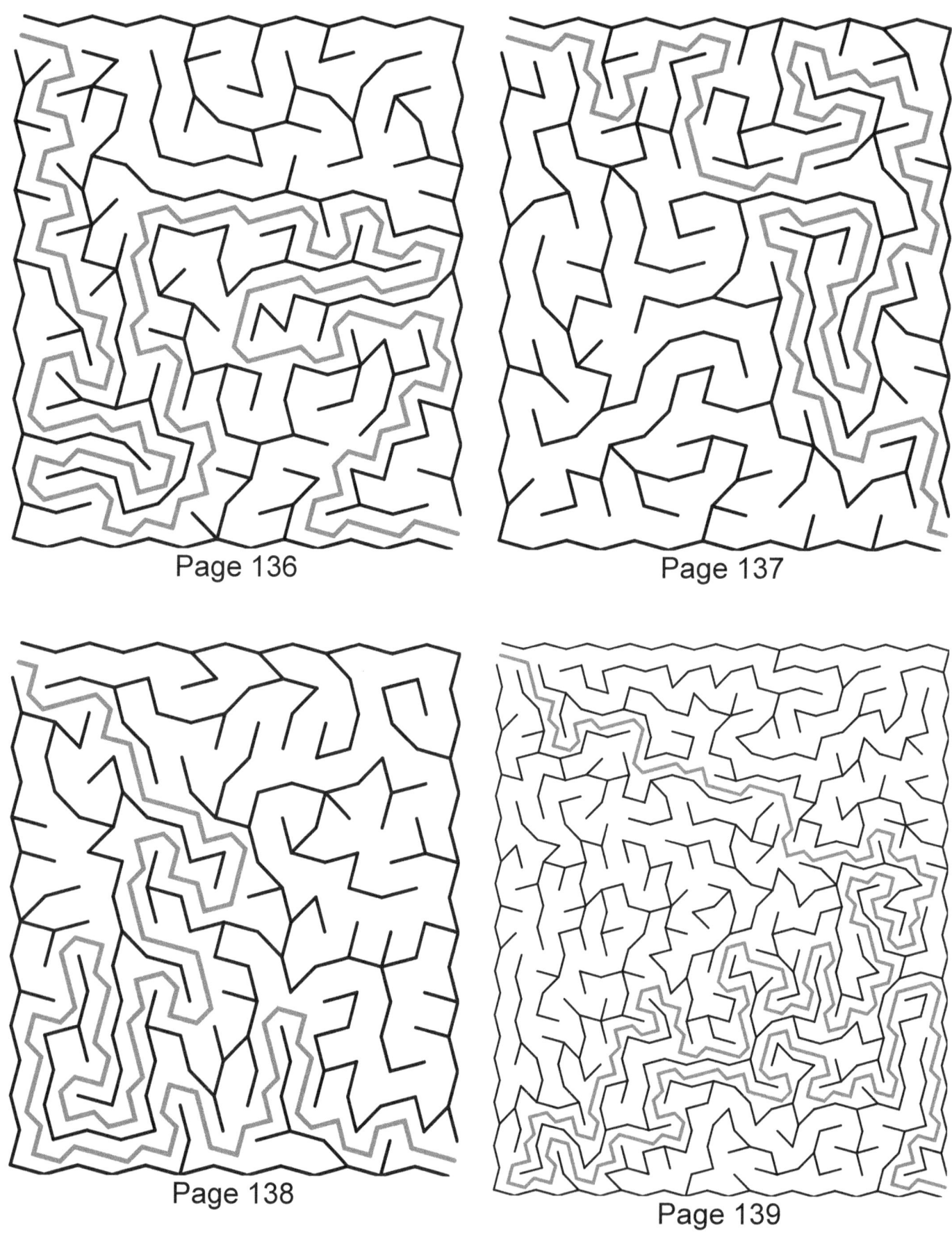

Page 136
Page 137
Page 138
Page 139

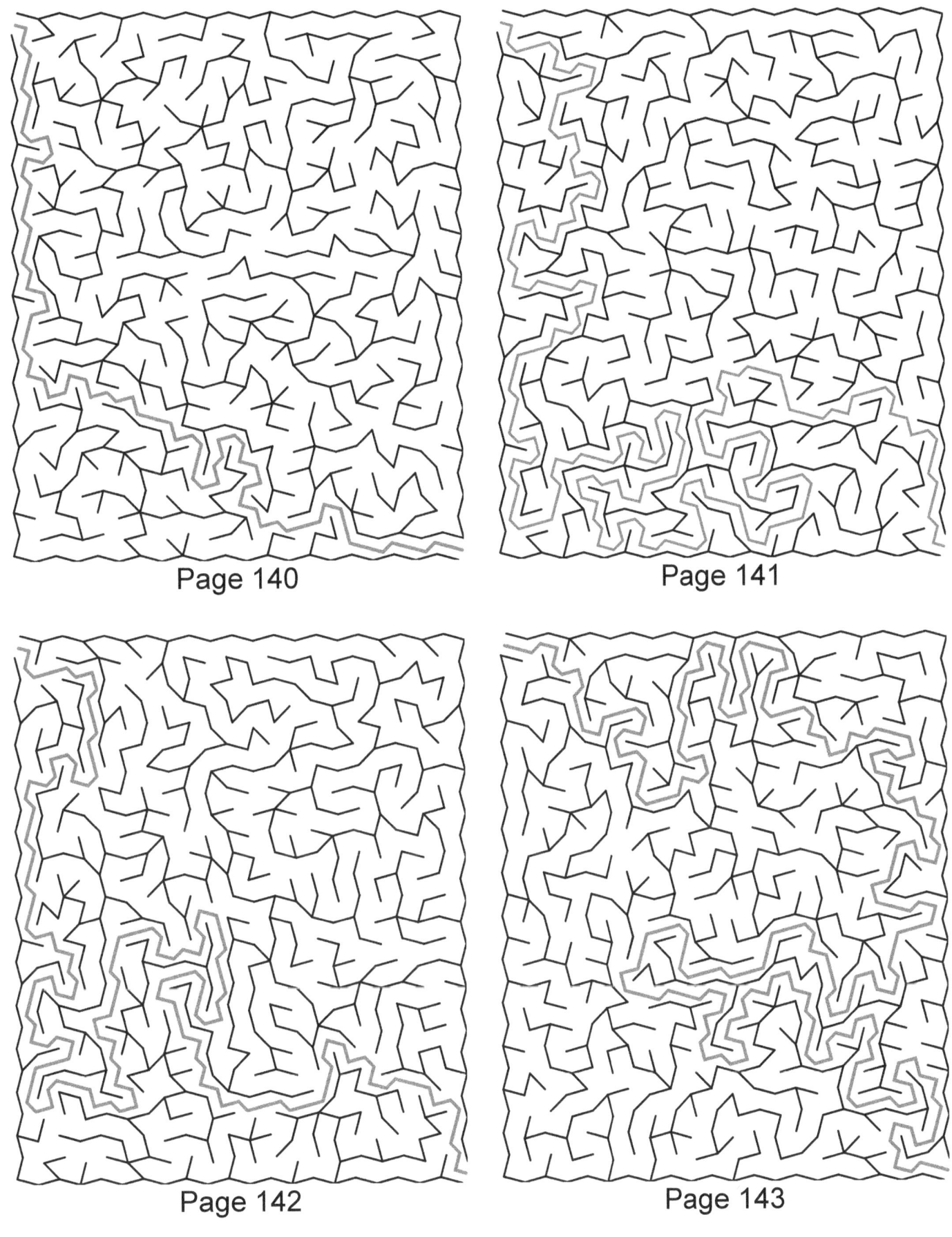

Page 140
Page 141
Page 142
Page 143

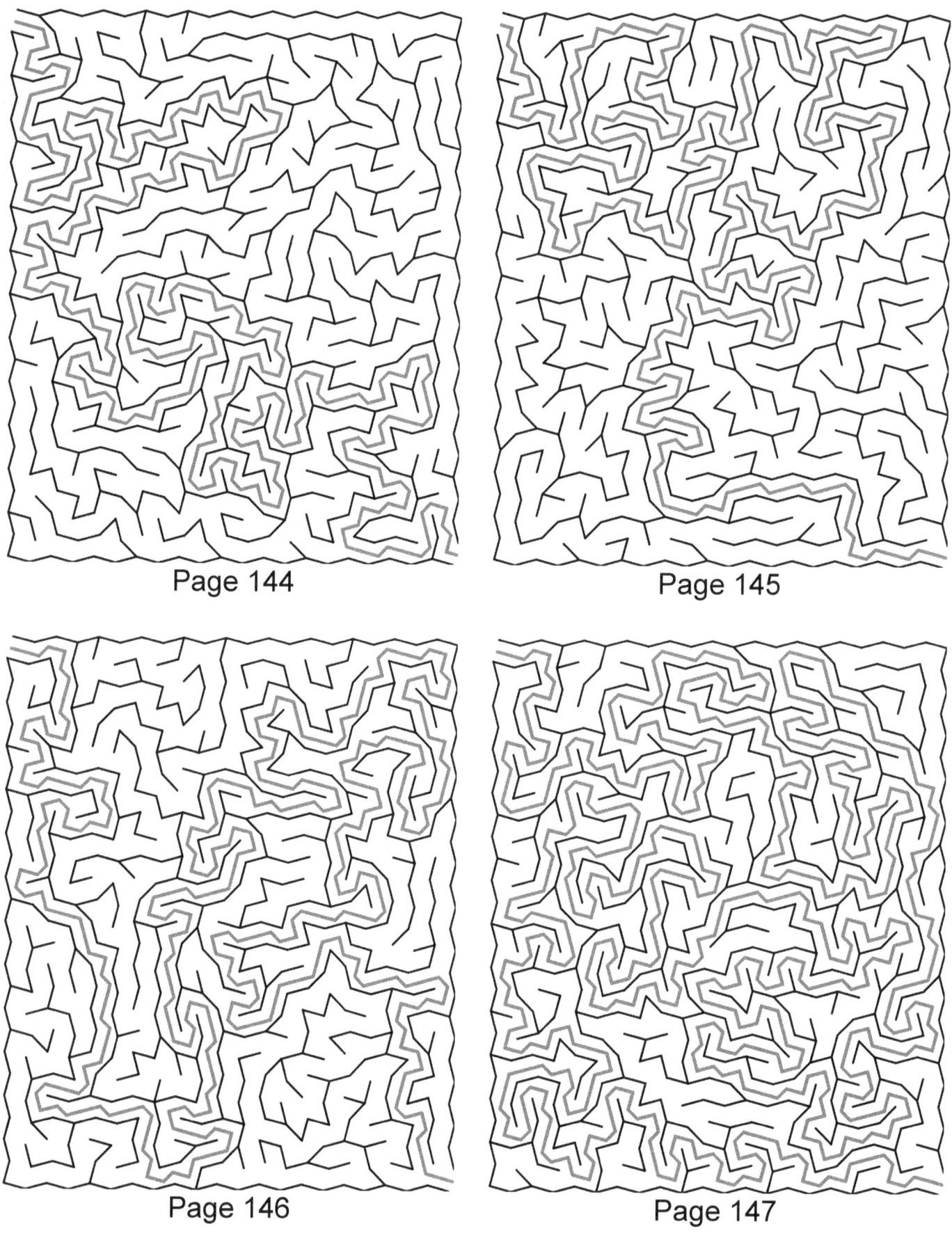

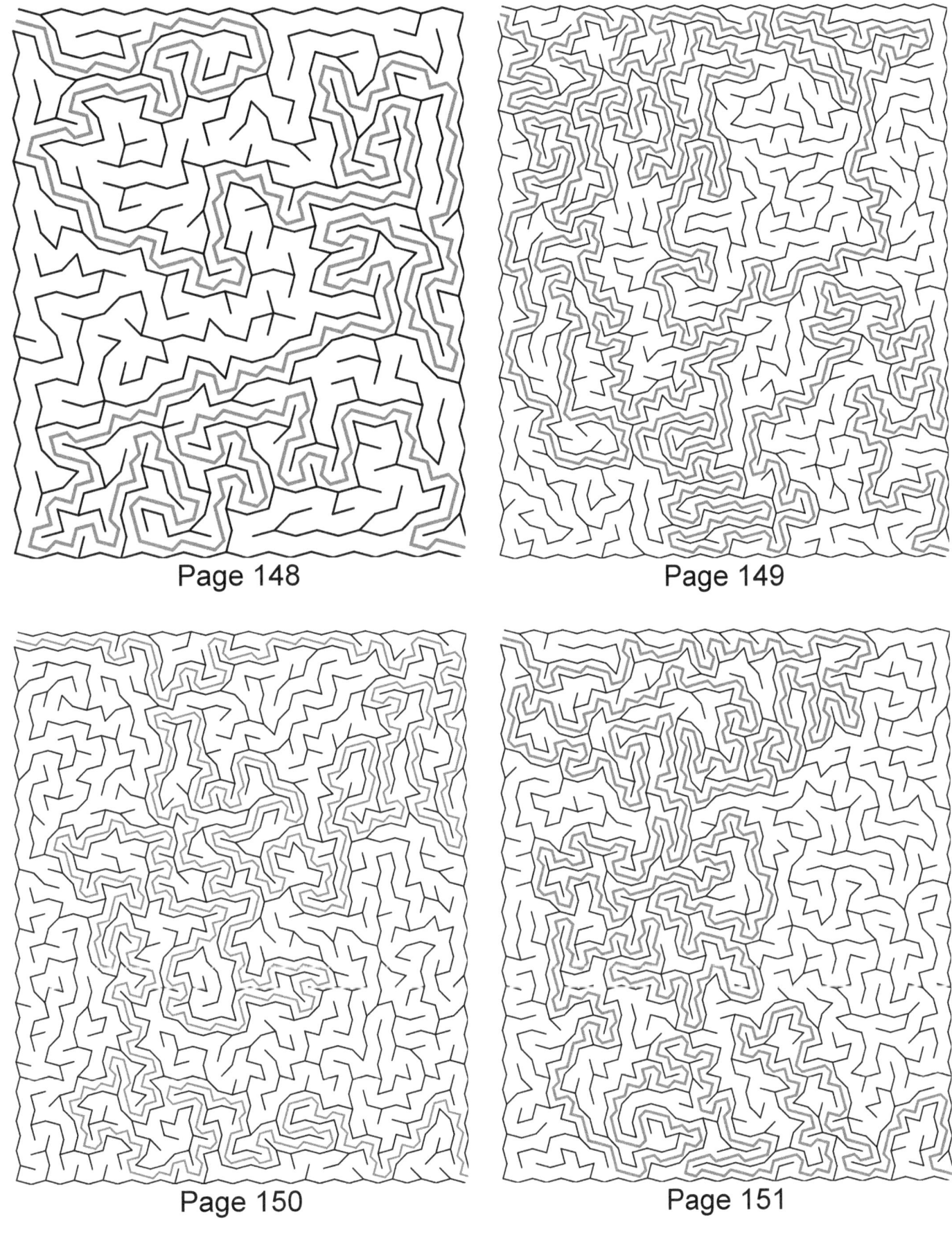

Page 148　　　　Page 149

Page 150　　　　Page 151

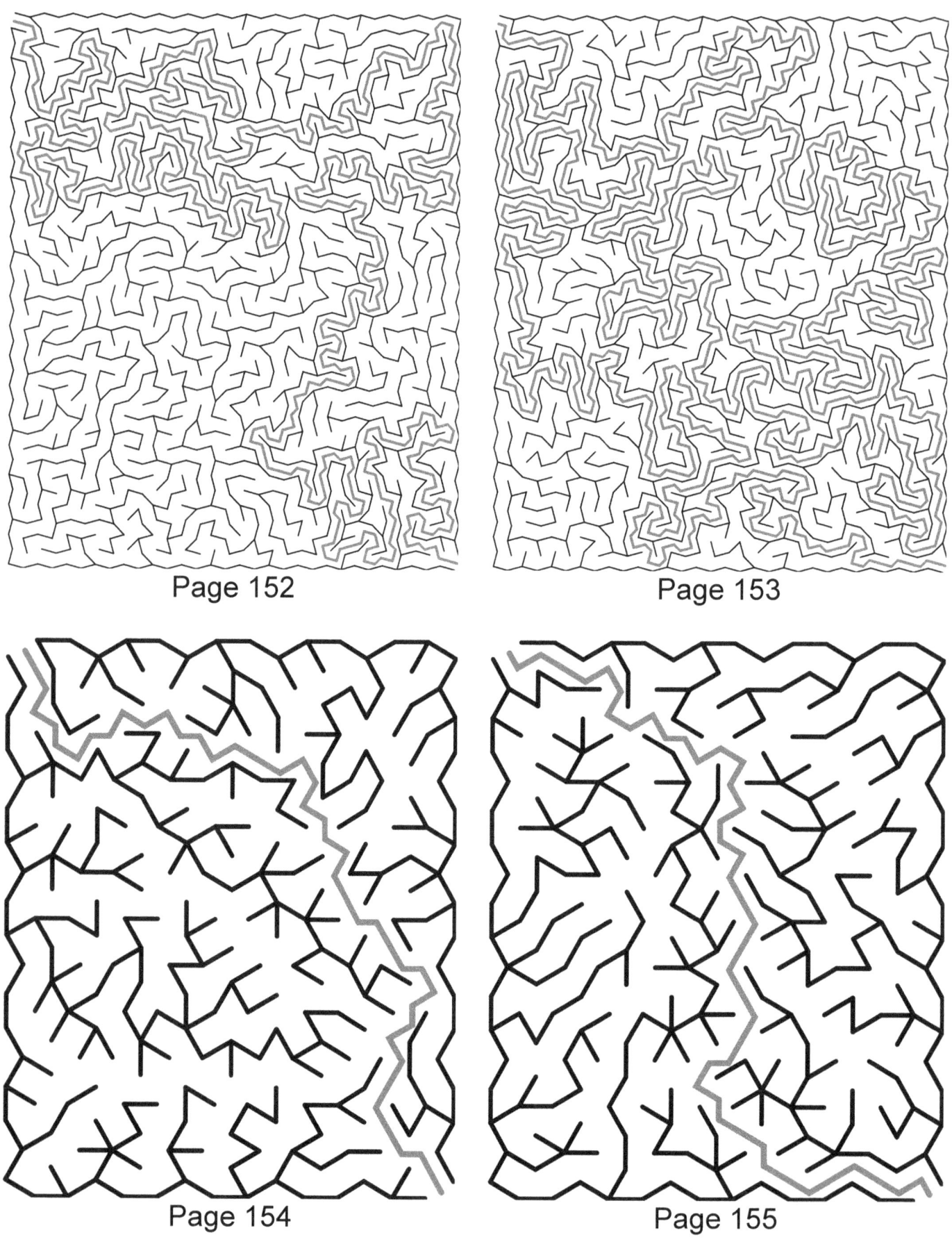

Page 152 Page 153

Page 154 Page 155

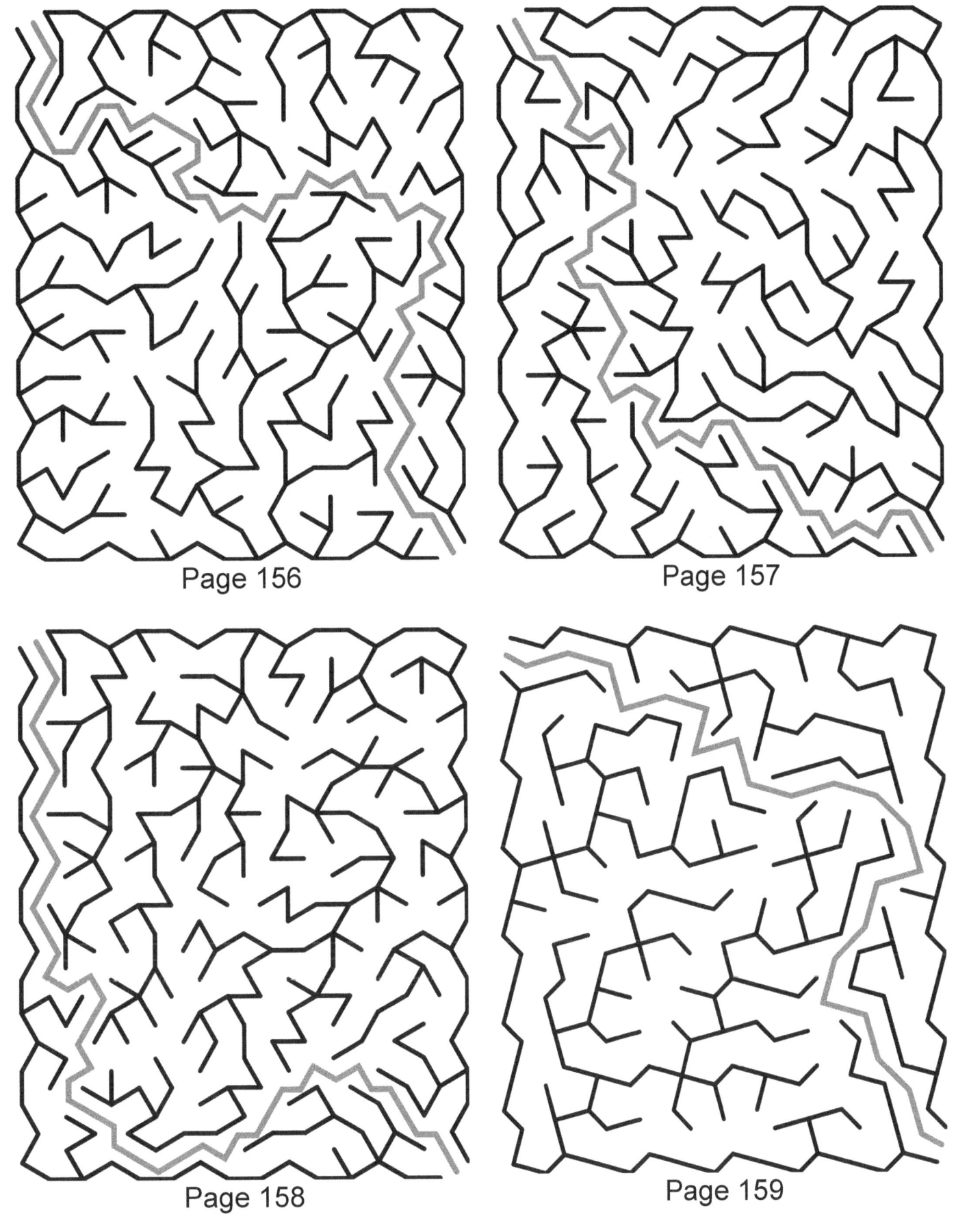

Page 156
Page 157
Page 158
Page 159

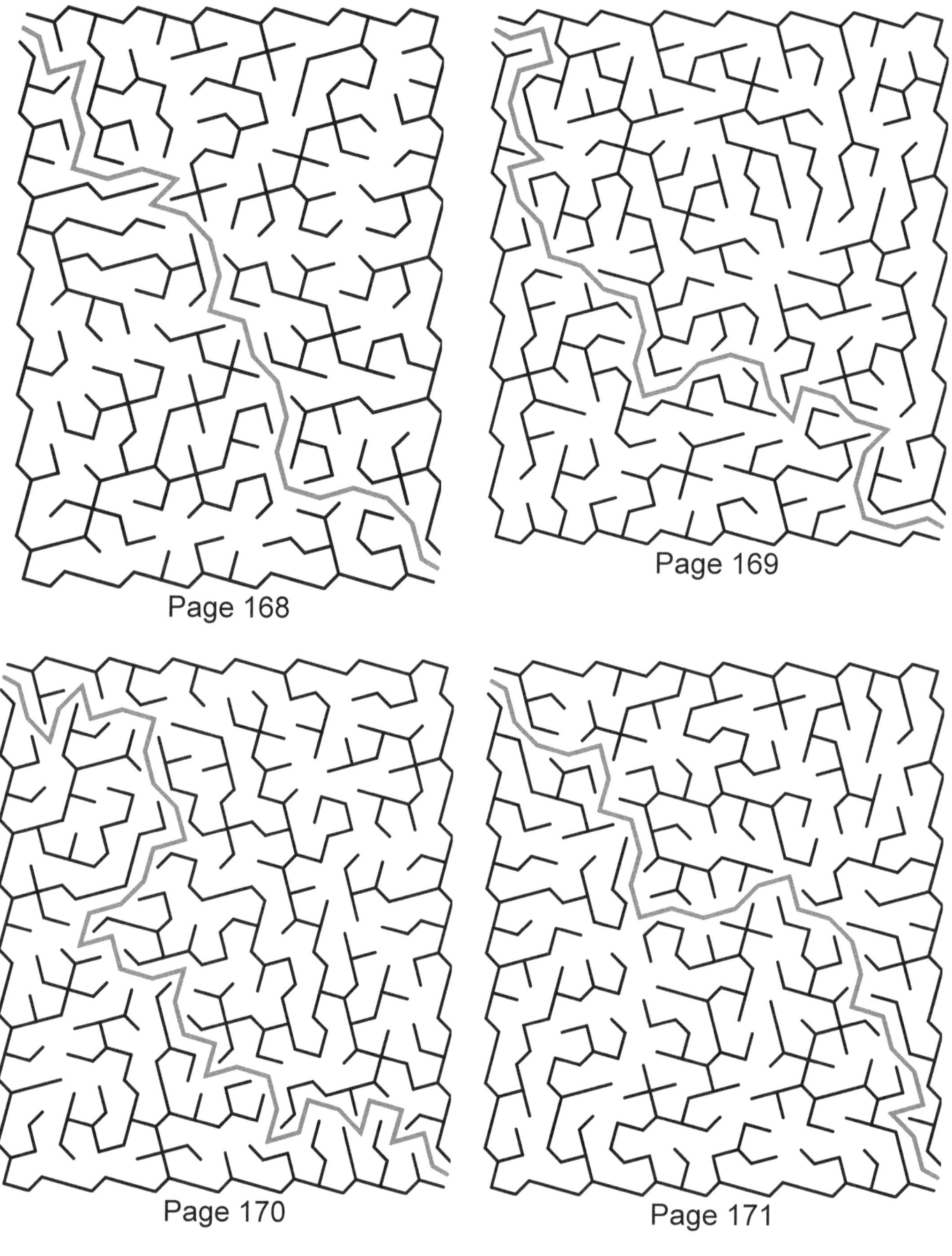

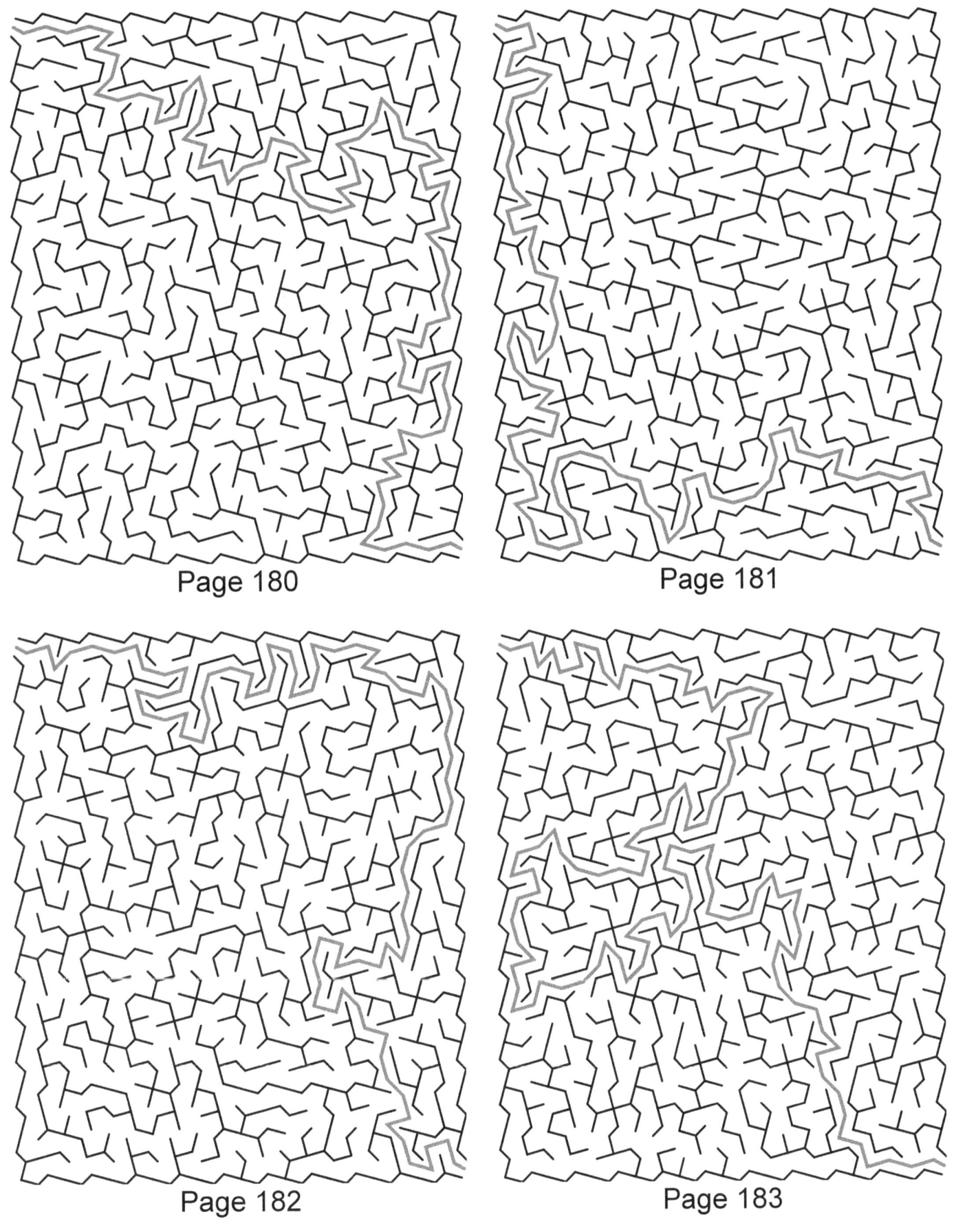

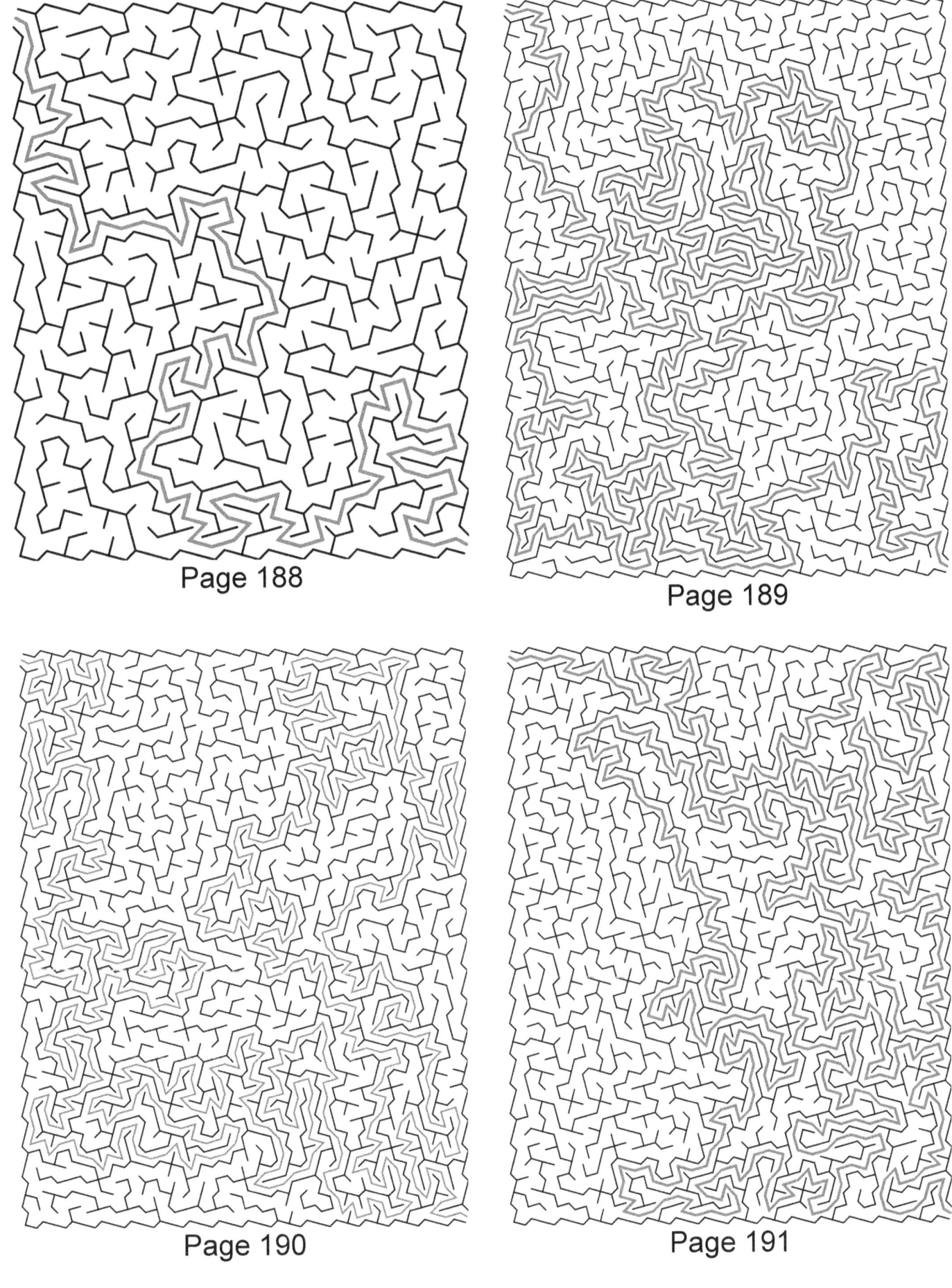

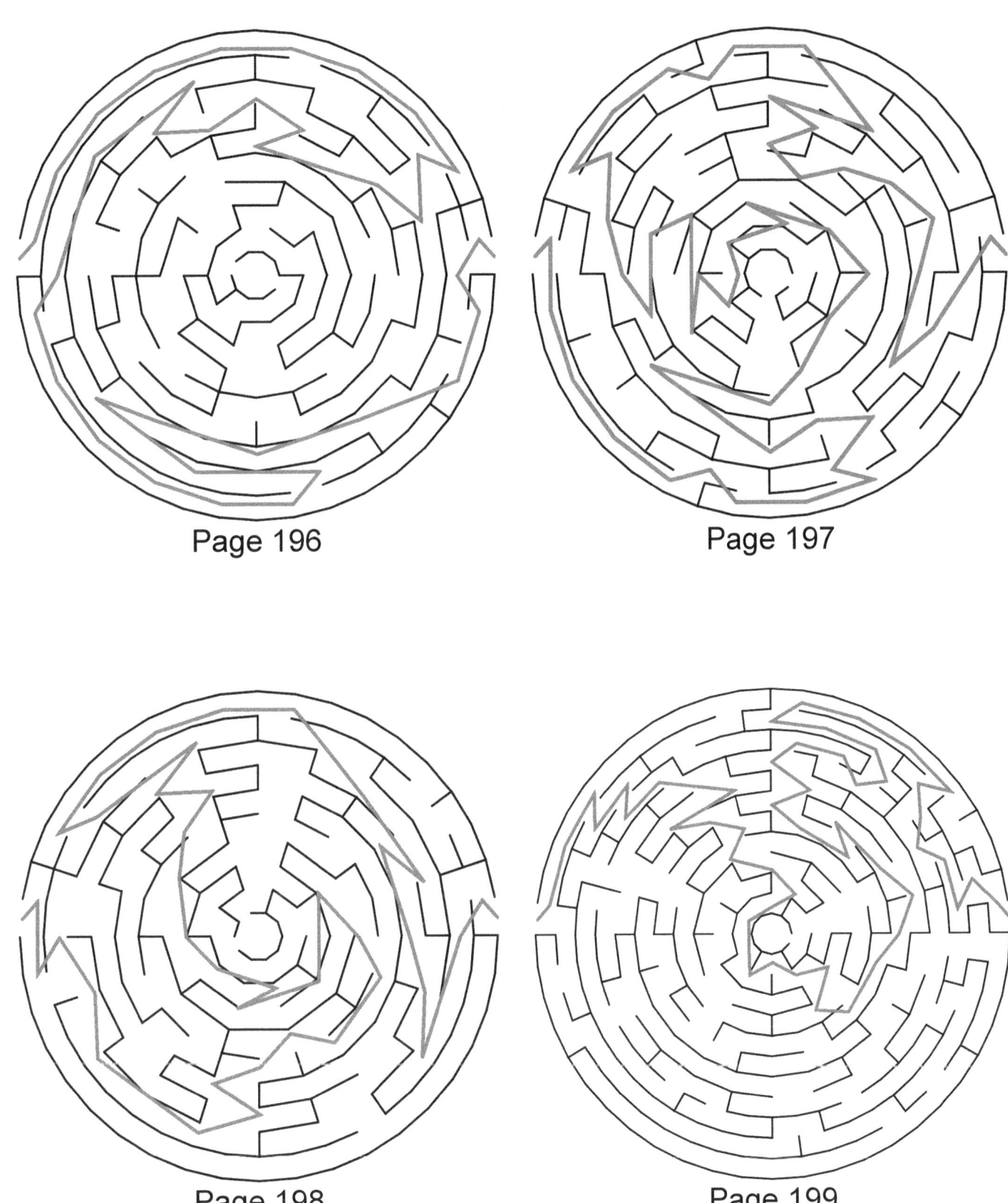

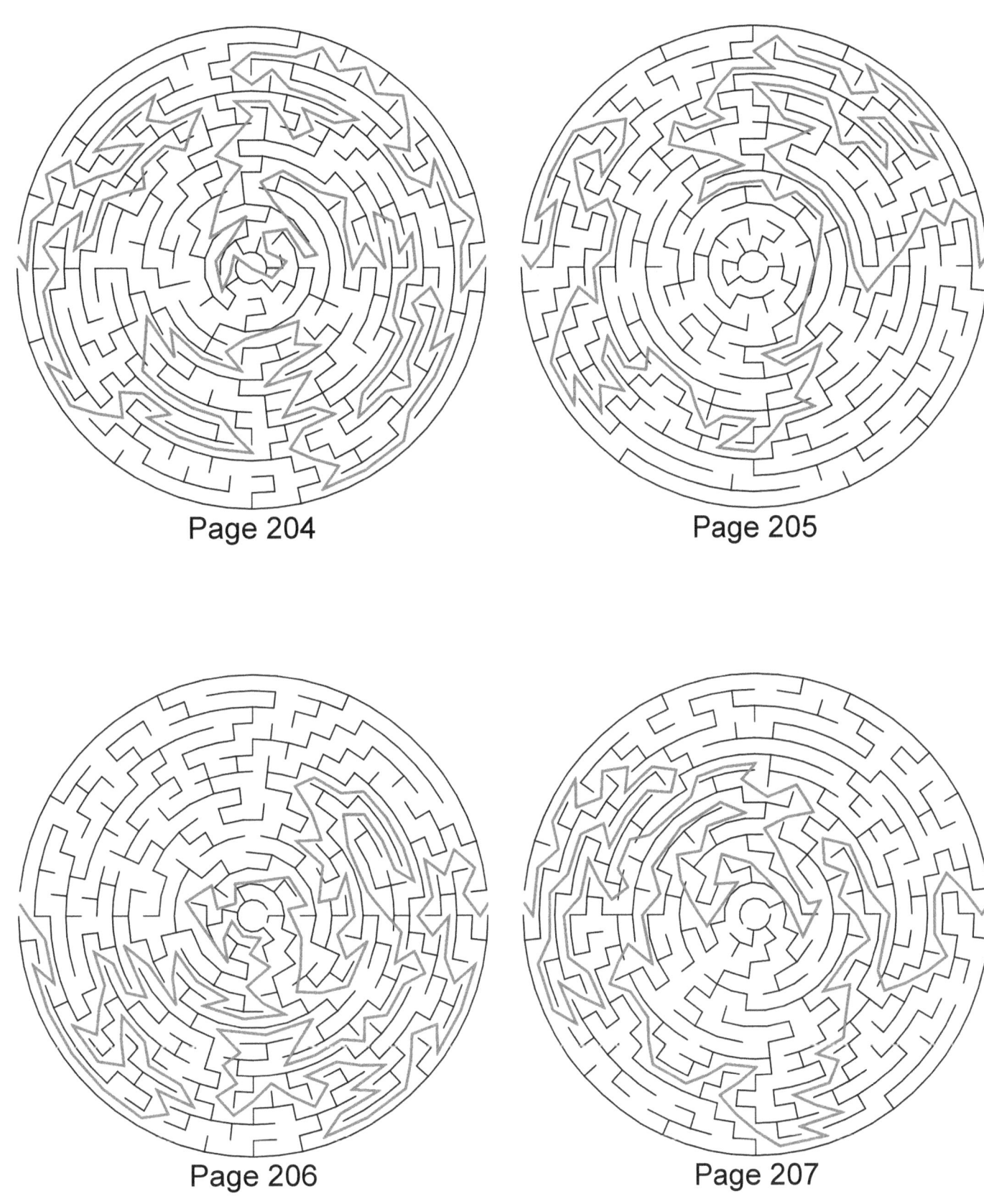

Page 204 Page 205

Page 206 Page 207

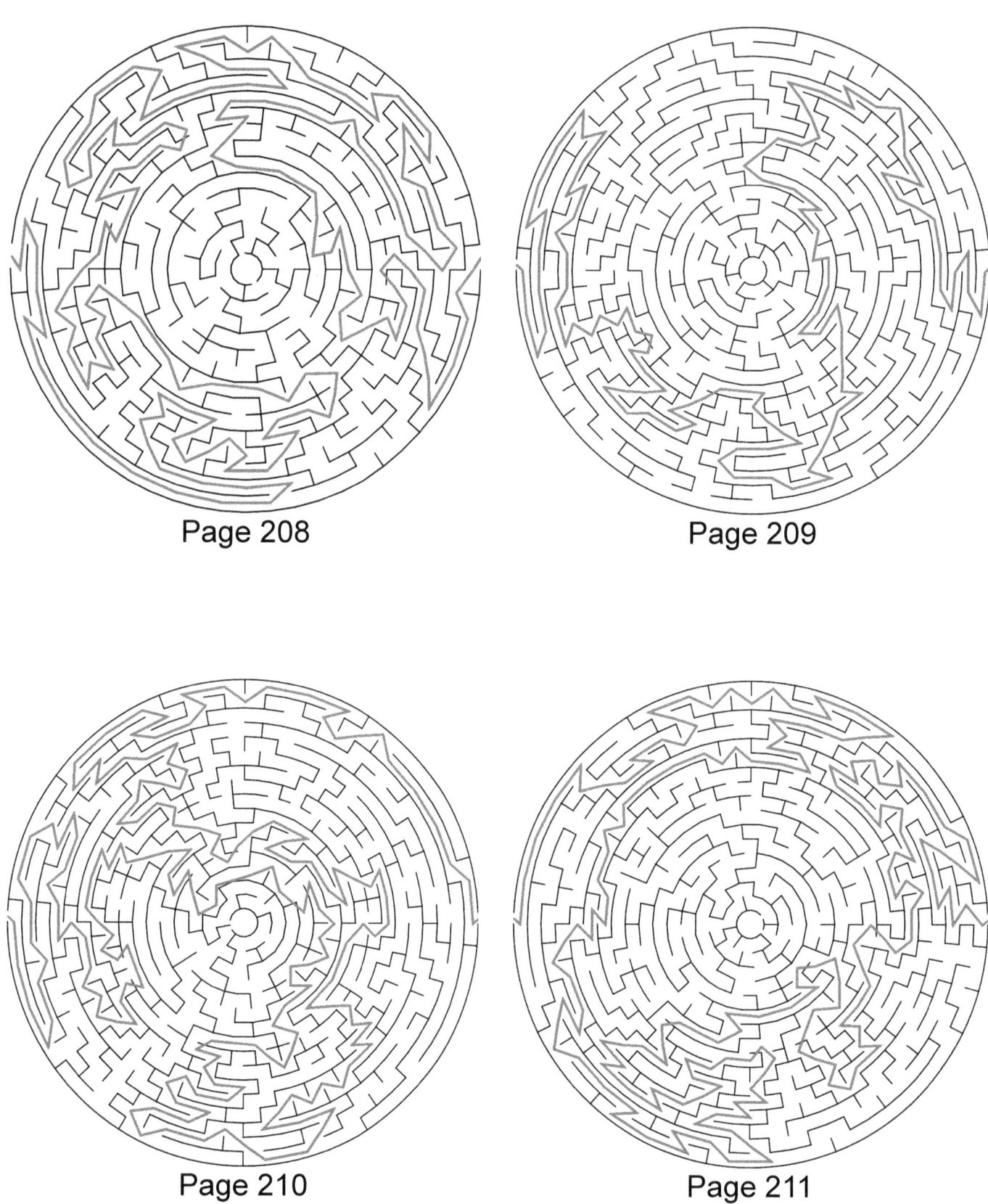

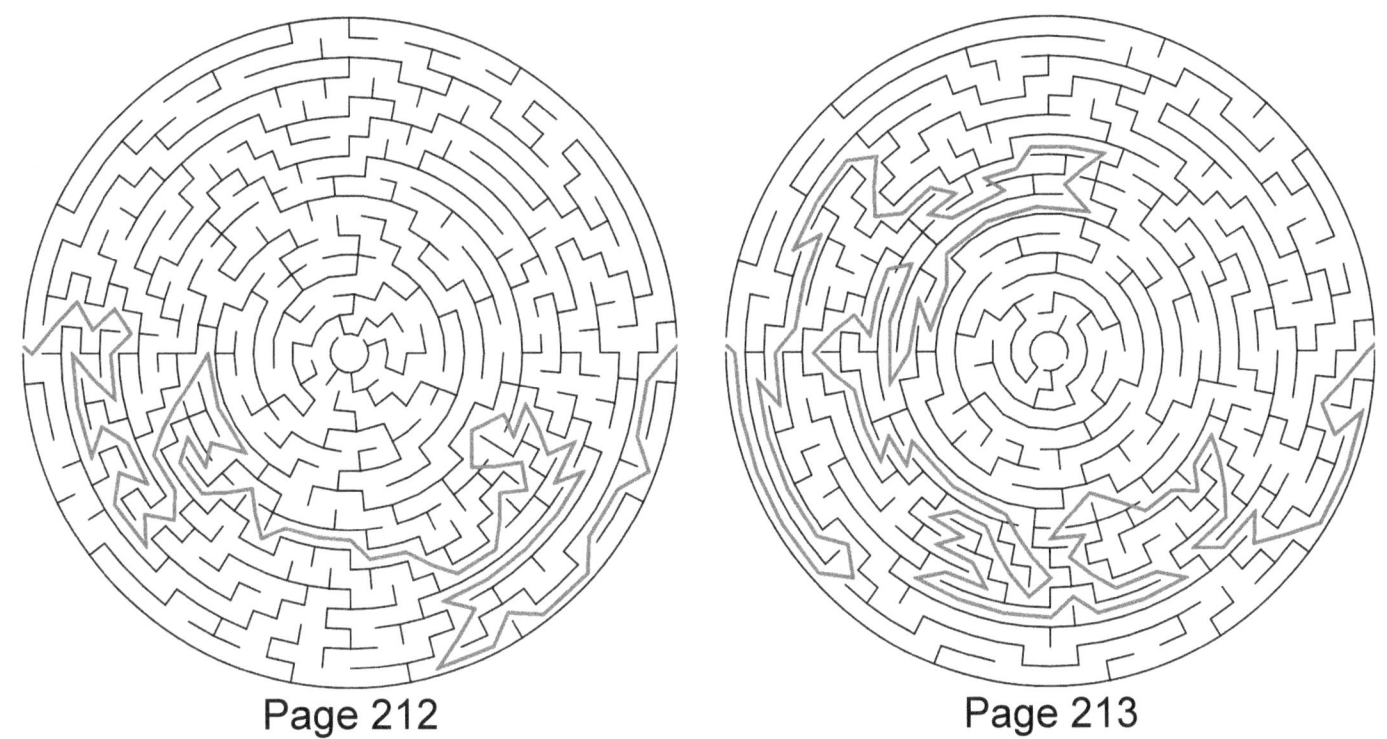

Page 212

Page 213

Page 214

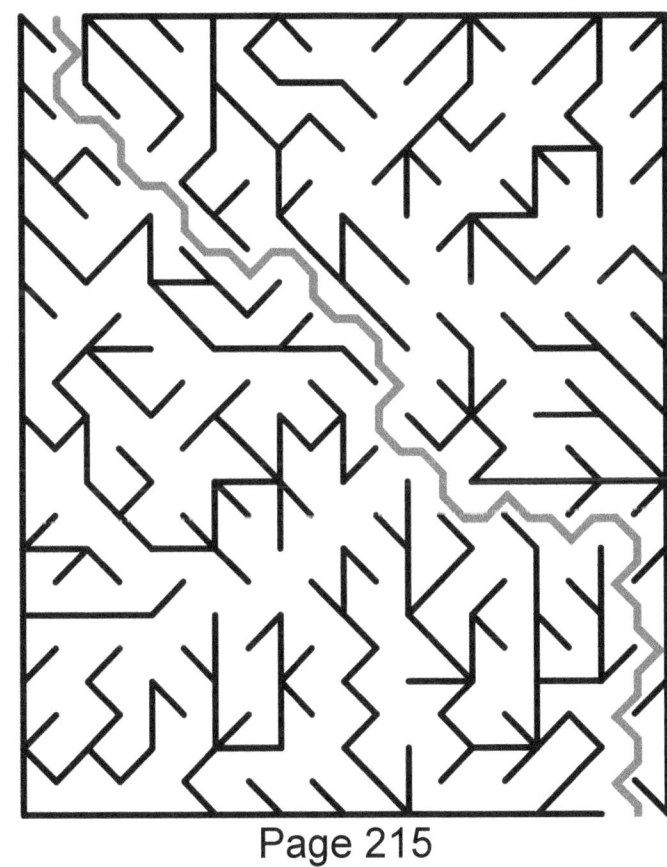

Page 215

迷路ざんまい!　　© 2025 デイヴィッド・E・マクアダムス. 無断複製・転載を禁じます。

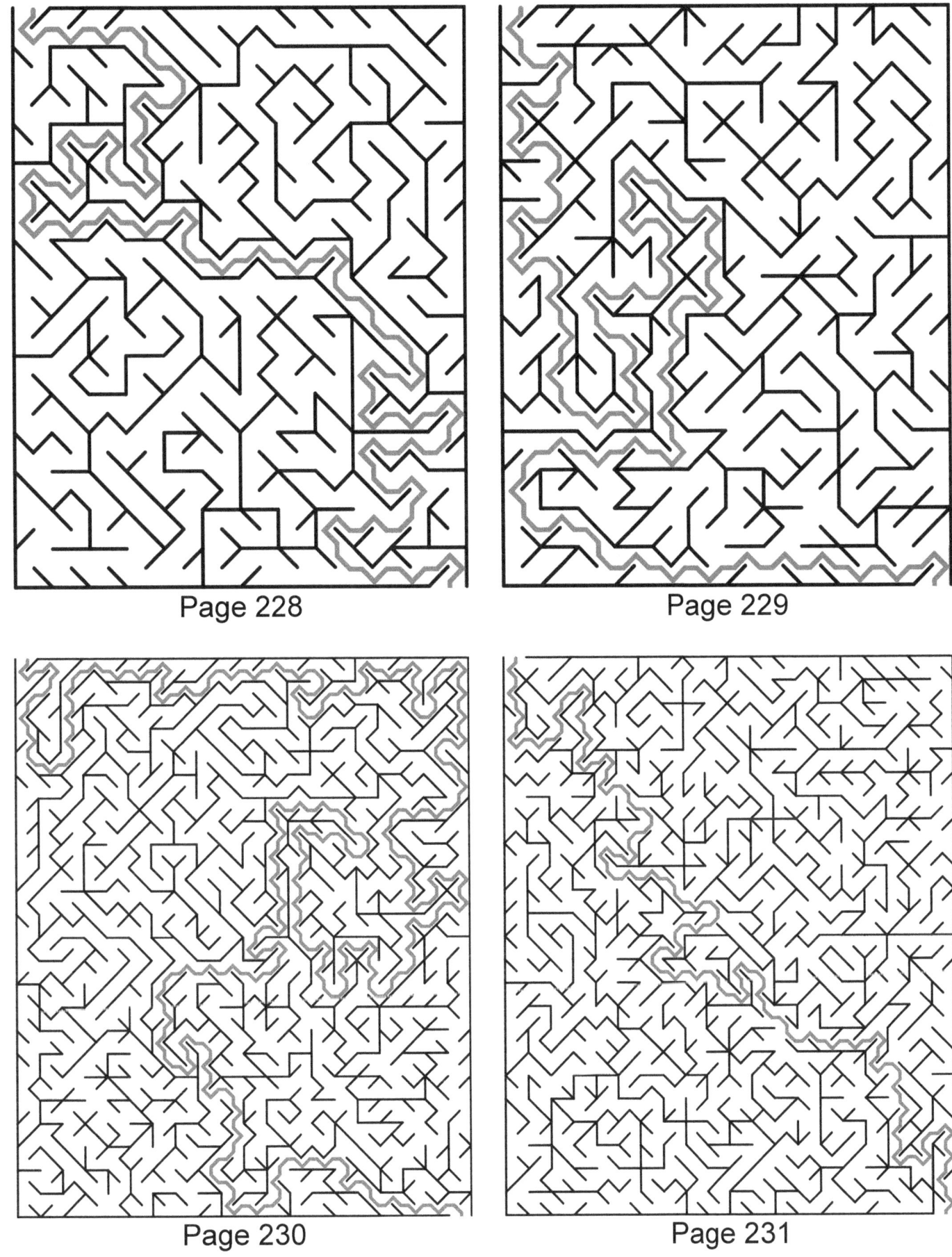

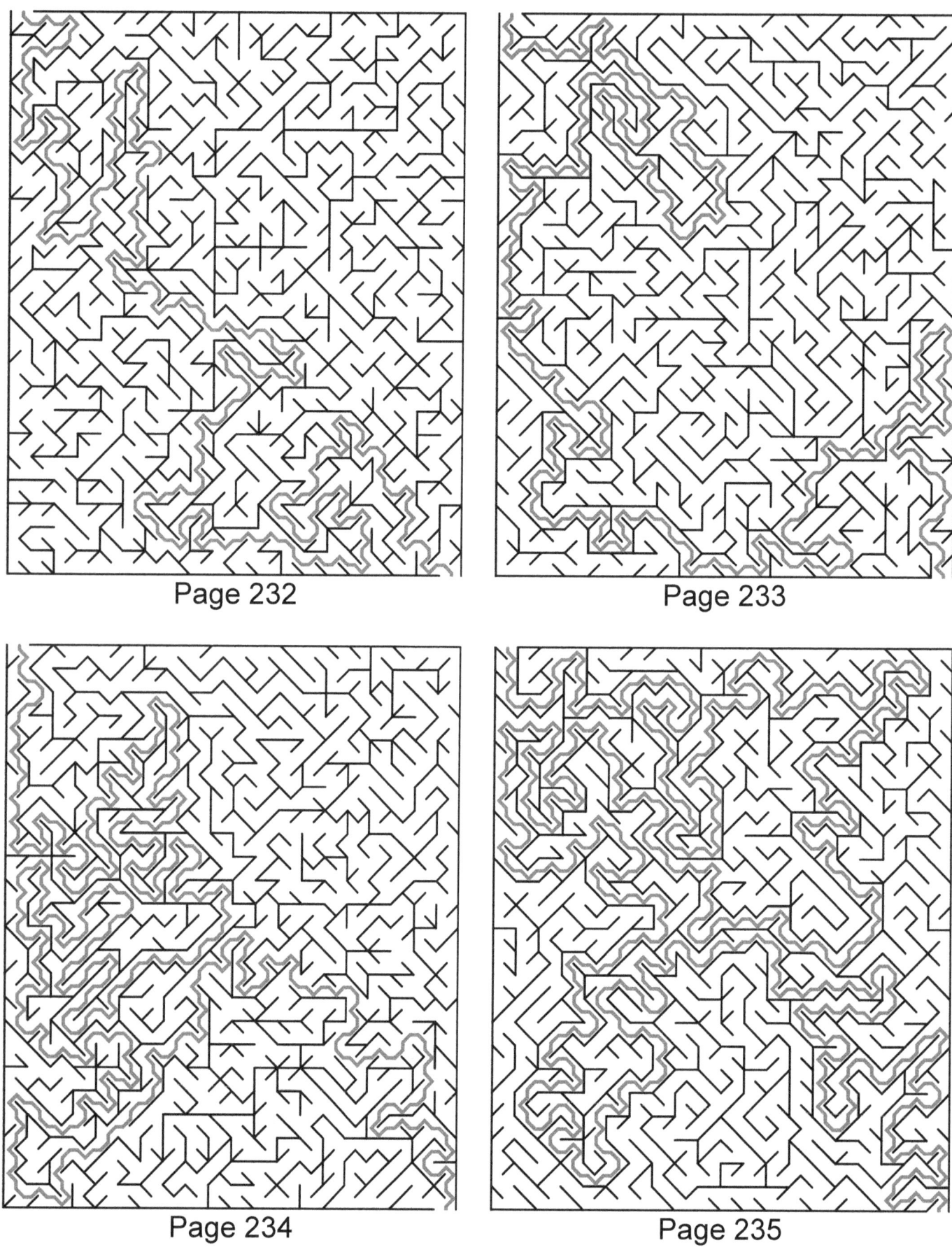

Page 232 Page 233

Page 234 Page 235

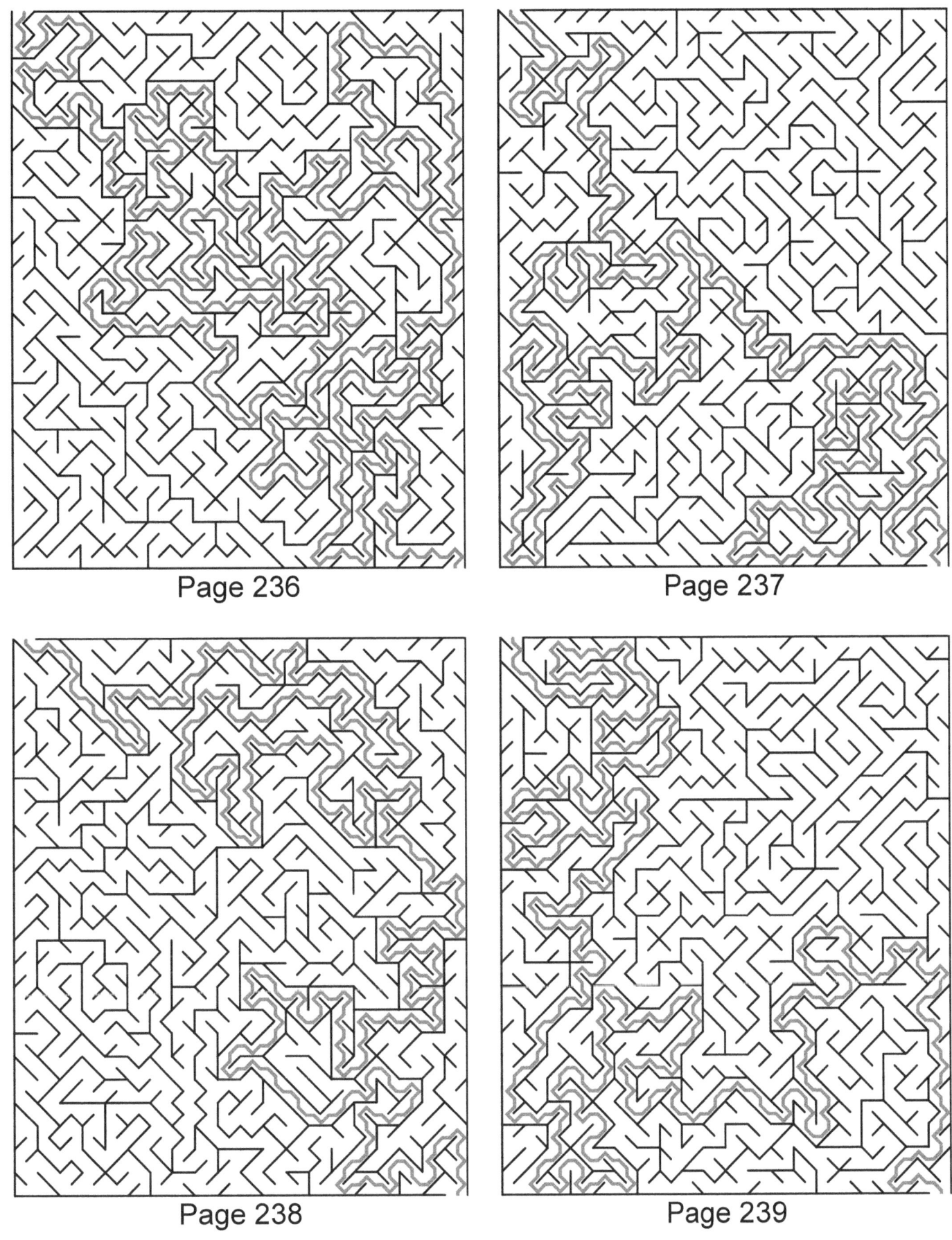

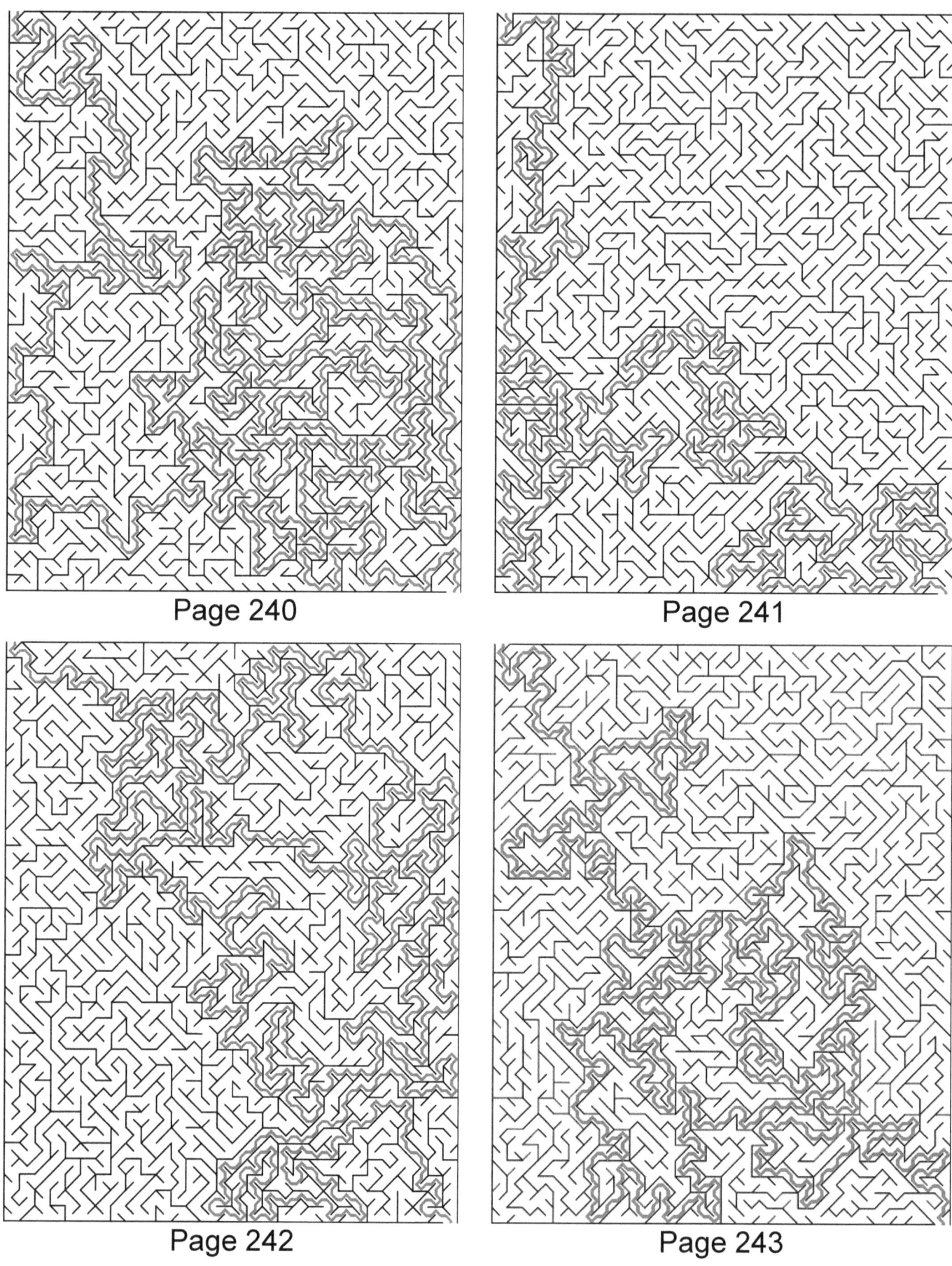

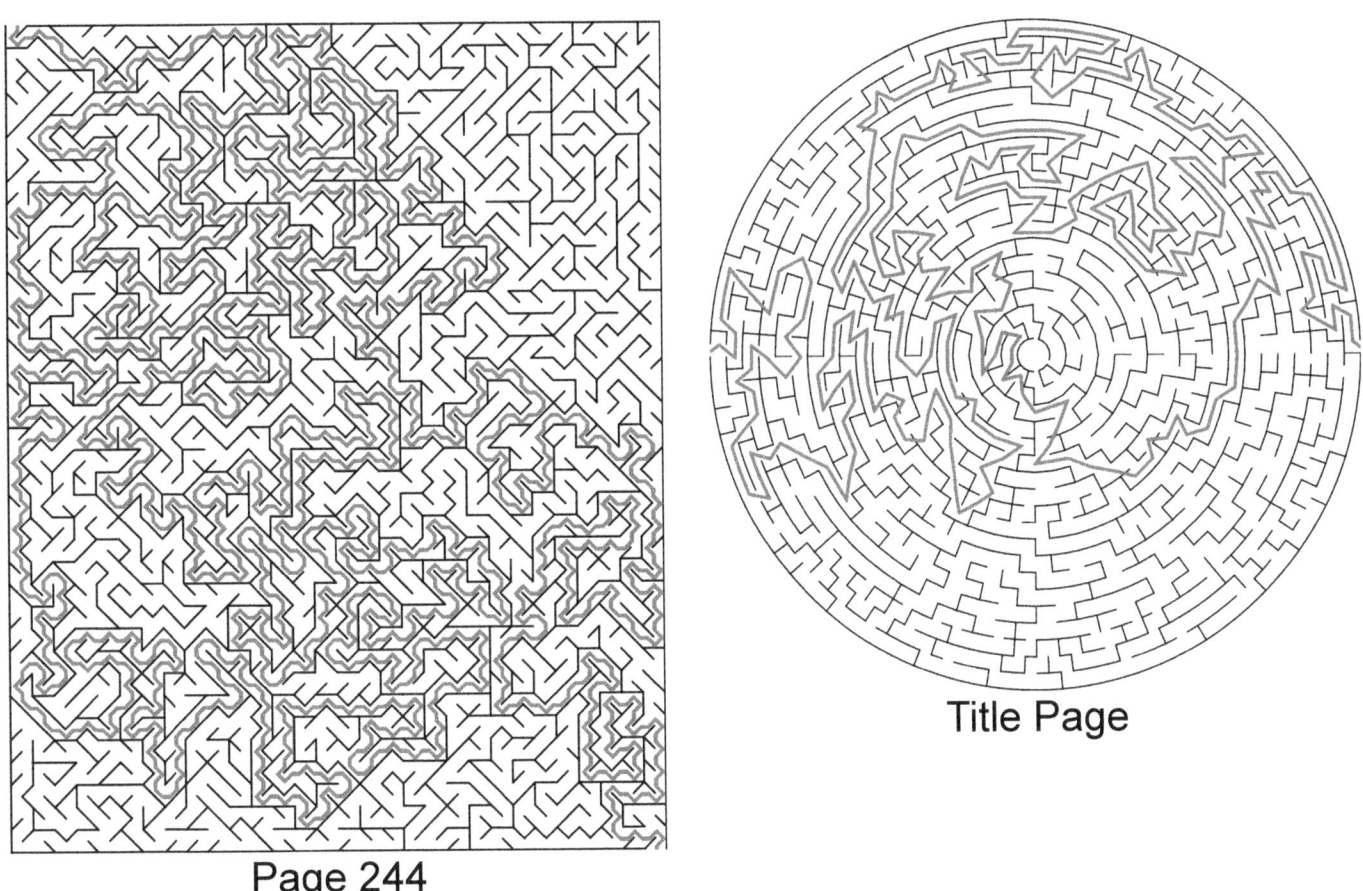

Page 244

Title Page

www.ingramcontent.com/pod-product-compliance
Lightning Source LLC
Chambersburg PA
CBHW081440070526
44586CB00019B/2186